JN080675

学級経営こそ、教師のやりがい

～教師力は学級経営力～

編著者 鈴木亮太

CLASS MANAGEMENT

CHALLENGING

日本文教出版

学級経営こそ、教師のやりがい／もくじ

はじめに *4*
執筆者一覧 *6*

第1章　学級経営の基本 *7*
　第1節　学級経営はなぜ大切なのか *8*
　第2節　学級経営の実際と教師の人間性 *10*
　第3節　日本の学校教育における学級経営 *13*
　第4節　学習指導要領改訂と学級経営 *16*
　第5節　どんな学級が良い学級なのか *17*

第2章　学校の役割と管理職の見た学級経営 *19*
　第1節　学校の役割 *20*
　第2節　現在の学校の課題 *22*
　第3節　子どもたちにとって良い学校とは *24*
　第4節　管理職から見た小学校の学級経営 *26*
　第5節　管理職から見た中学校の学級経営 *32*

第3章　学級経営のやりがいと教師 *39*
　第1節　良い学級をつくり上げる教師の心得 *40*
　第2節　学級全員に「ありがとう」 *43*
　第3節　学級経営はどう見られていたのか *46*

第4章　学級文化を左右する言語環境 *59*
　第1節　生活における言語環境を整える *60*
　第2節　学習における言語環境を整える *62*
　第3節　言語活動の充実を図る *65*
　第4節　教師自身の言語能力を鍛える *68*

第5章　学級経営を楽しんでいる教師の実例 *69*
　第1節　ICTを活用した小学校での学級経営 *70*
　第2節　クラスの歌を創作した学級経営 *77*
　第3節　中学校の学級担任で大事なこと *80*
　第4節　高校の学級経営で大切なのは *89*

第6章 「総合的な学習の時間」と学級経営 *95*
　第1節　学級経営とのつながり　*96*
　第2節　「総合的な学習の時間」の目標　*97*
　第3節　個の確立と協働的な学びを柱に　*98*
　第4節　「総合的な学習の時間」を振り返って　*107*

第7章 カウンセリングと学級経営 *111*
　第1節　こんな「教師の構え」を期待して　*112*
　第2節　父性と母性　*119*

第8章 キャリア教育と学級経営 *129*
　第1節　学級経営の基本とキャリア教育　*130*
　第2節　キャリア教育の実践　*133*
　第3節　「未来を創る人材」の育成へ　*138*

第9章 AIシンギュラリティ時代への対応 *141*
　第1節　教室運営におけるマネジメントとは　*142*
　第2節　AIシンギュラリティから見た教育　*143*
　第3節　教育の機能　*146*
　第4節　マネジメントは何のために必要か　*154*
　第5節　教育組織の目的の変化と今後　*155*

第10章 企業経営と学級・学校経営 *159*
　第1節　企業経営者との対談　*160*
　第2節　セルフマネジメントの重要性　*169*

おわりに *174*

はじめに　◇◇◇

　編著者は、現在、いくつかの大学で通学課程、通信課程を含めて毎年多くの学生の授業（総合的な学習の時間、クラスマネジメント論、初等社会科教育法等）を担当しています。その学生そして指導訪問させていただいている学校現場の先生方は、教科経営以上に学級経営に対しての不安を感じていることを耳にします。それは、なぜなのかというと、学級経営するとは、教師の思い・願いが、子どもの心に届かなければ、子どもを動かすことができず、学級の秩序が崩れ、授業そして学校生活が成り立たず、学校が「人格形成の場」ではなくなってしまうからです。

　つまり、確かな学力の向上（教科経営）は、しっかりした学級経営が基盤となるのです。学級経営の充実は、学校教育で、子どもたちに「生きる力」をはぐくむためには不可欠です。このことは、2021年1月26日の中央教育審議会答申「令和の日本型学校教育」からも読み取ることができ、下記の通りです。

　いまの日本は、社会の在り方が劇的に変わる「Society5.0時代」（超スマート社会）が到来し、また、新型コロナウイルスの感染拡大など、先行き不透明で予測困難な時代となっています。そこで、学校現場の教員は、ICTを有効に活用しながら、現行学習指導要領を着実に実施しつつ、下記のような児童・生徒を目指しています。

　一人ひとりの児童・生徒が、自分のよさや可能性を認識するとともに、あらゆる他者を価値のある存在として尊重し、多様な人々と協調しながら様々な社会的変化を乗り越え、豊かな人生を切り拓き、持続可能な社会の創り手となることができるようにすることが必要としています。そのために、「主体的・対話的で深い学び」の実現に向けた授業改善が不可欠で、特に、「協働的な学び」が重要です。そこで、「個別最適な学び」が孤立した学びにならないよう、探究的な学習や体験活動等を通じ、子ども同士で、あるいは多様な他者と協働しながら、一人ひとりの良い点や可能性を生かすことのできる学びを実現しているのです。

つまり、支持的な学級経営の実現があってこその「生きる力」をはぐくむための授業改善が実現することになります。支持的な学級文化が築かれている学級は、人間性あふれる立派な担任教師の存在があり、学級経営には学級担任教師の人間性が大きく影響します。

　そう考えると、学生そして学校現場の先生方には人間性を磨くために「問題解決的に生きる」、そんな生き方をしてほしいものです。それには、実社会や実生活にある「人・もの・こと」に対して、常により良い方向（性）になるように問い続けることです。

　本書の執筆者のみなさんは、まさに問題解決的に生きてこられた方々です。そのようになるためには、良い経験、良い人、良い本との関わりを意図的・計画的に積み重ねていくことが大切だと考えます。

　本書では、学級経営の重要性とやりがいを説き、支持的な学級文化をはぐくむための学級経営の考え方や指導法、そして何より大切な学級経営にセンスのある人間性あふれる教師へ近づくことができるヒントについて、大学教員、元管理職、現職教員等の学校現場を知る執筆者が具体例を示しながら解説します。

　さらに、学級経営と企業経営の共通点と相違点について解き明かせれば、と考え、若手企業経営者と編著者が対談を試みました。読者のみなさんは、自分なりの問いを持ちながら対談記録を読んでみてください。

　本書が、教員をめざしている学生のみならず、現職の先生方にとって、これからの学級経営に取り組む際にご参考にしていただけたら嬉しい限りです。

2024年3月　鈴木亮太

執筆者一覧

鈴木　亮太　　東京未来大学特任教授

久地岡啓一郎　前茨城県水戸市立河和田小学校長

長谷川かほる　東京未来大学特任教授

小山　勉　　　東京未来大学特任教授

齋藤　雅子　　元茨城県水戸市立見川小学校 PTA

高久　亮平　　株式会社クレオ

内田　晶子　　茨城県水戸済生会総合病院

橋本　庄一　　茨城県常総環境センター

篠原　京子　　東京未来大学准教授

鈴木　翔大　　茨城県水戸市立渡里小学校教諭

神林　哲平　　早稲田大学系属早稲田実業学校初等部教諭

吉冨加大里　　広島県広島市立城南中学校教諭

青野　源太　　元茨城県立大子清流高等学校教諭／現・厚生労働省

奥本　有彩　　早稲田大学大学院教育学研究科修了

木村　光悦　　パナソニックハウジングソリューションズ株式会社

金澤浩一郎　　内原カウンセリングルーム

塚田　薫　　　株式会社 NJP 執行役員／元茨城県大子町立依上小学校長

楠本　修　　　一般社団法人未来構想会議事務局長

石澤　嘉郎　　株式会社スズキアムテック代表取締役社長

有馬　圭哉　　マツダ株式会社

第 1 章

学級経営の基本

第1節　学級経営はなぜ大切なのか

鈴木亮太

1　学級経営とは

　学級経営は、子ども（児童生徒）の立派な人格形成、学力の向上、心身の健全な発達などの学級目標を実現するための計画的・組織的な教育活動をいいます。つまり、学級経営とは、教育的な目的を達成するために組織をつくり、教育活動を行う、という教師にとって重要な仕事の一つです。具体的な内容としては、「子ども（児童生徒）理解」「学級編成」「授業づくり」「集団づくり」「教室環境づくり」「学級事務」等があります。

　また、『デジタル大辞泉』では、学級経営とは、「学級を教育の目的に沿って効果的に組織し運営すること。学習指導と生活指導を総合し、学級内の人間関係の発展を促すなどのほか、学級の物的環境を整備するなどの教育活動をいう」とあります。

　一言でいうならば、学級経営とは、学級の「人・もの・こと」を管理することであり、学級担任の仕事ととして極めて重要な仕事です。なぜならば、学校教育（学習活動、生徒指導等）の基盤は学級にあり、その学級は、子どもにとって人格形成上、必要不可欠な学びの場となるように保障することが、学級経営の究極の目標だ、と考えるからです。

　そして、学級経営が難しいとされるのは、子どもの発達段階に対応しなければならず、子どもの成長に見合う学びの場を保障するために、学級担任は、自分の学級経営を問い続けていかなければならないのです。

　つまり、学級経営は、常に学級の実態をしっかり観察して、子どもの変化を捉えて学級を運営していくことが重要となります。学級経営とは、単に子どもたちを管理するのではなく、子どもたちに「生きる力」を育てるための営みなのです。

ここで、有田和正氏が、今から約20年前に、現場の教師に向けて学級経営について苦言を呈していますので、以下に紹介することとします。

　　時代は１秒も休むことなく、変化していることに、ふと気が付くことがあります。忙しく仕事をしているときは、見逃してしまいます。

　　最近、学校でいわれる「指導力不足教員」とは、いいかえれば「学級経営のセンス不足」「部活やクラブ活動の経営的センス不足」ということではないでしょうか。

　　いまや、一人の担任でさえ「経営的センス」のあるなしが問われているのです。

　　学習指導がうまくできればよい──という時代は終わりました。学習指導がうまくできるには、「学級経営」がしっかり機能していかなければなりません。「助け合い」「みがき合い」「けん制し合い」という三つの機能がきちんと機能していなければ、「学級」という名に値しません。

　　学級崩壊というのは、この三つの機能がないクラスのことをいうのです。

　　管理職にならなければ、経営的センスをみがく必要はないと考えている教師がいます。これは大まちがいです。「学級担任」である以上、学級を経営し、その上にのっかって教科経営をしなければならないのです。ここをカン違いしている教師がかなりいます。

　このメッセージは、まさにいまにも生きるのではないでしょうか。心に留めておきたいと思い、紹介しました。

2　教科担任制について

　いま、話題になっている2022年度から本格的に始まった小学校の教科担任制について述べたいと思います。

　筆者は、茨城県に中学校社会科教員として採用されましたが、当時、

茨城県は小・中の教員を経験することが原則だったため、退職までに、小学校の担任を12回（12年間）経験させていただきました。その経験を踏まえての私見は、下記の通りです。

　小学校で学級担任制が採られている大きな理由としては、学級担任が子ども一人ひとりの良いところ、改善すべきところを見取りながら、良いところはさらに伸ばし、改善点についてはじっくりと一日の生活の中で指導することできます。そのことが、子どもに安心感を与え、教師もゆとりを持って児童と関わっていくことができ、教師と児童の信頼関係が強くなる、と考えます。また、担任した学級の授業を自分で担当した場合には、授業時間を弾力的に運用でき、これも、小学校教員の大きな魅力だと思います。デメリットとしては、担任の負担が大きいことや、各教科の教材研究が独りよがりになりやすく、教科横断的な学びが難しいことなどが挙げられます。

　以上のことから、今後、児童の発達段階、教科の専門指導も踏まえると、現状としては、高学年の授業から教科担任制を取り入れていくのがベターだ、と考えています。教科担任制を取り入れるべき教科としては、理科、音楽、図画工作、家庭科そして外国語等の専門的スキルや準備時間が多く必要とされる内容の教科が考えられます。

　いずれにしても、教科担任制を実施するには、より多くの教員の確保することが喫緊の課題になる、と考えます。

第2節　学級経営の実際と教師の人間性

鈴木亮太

1　学級経営の実際

　教師のみなさんは、こんな経験をしたことはないでしょうか。著名な大学の先生の本を読んで実践してみたが、自分がやるとうまくいかなかった。学級経営がうまい先生のマネをいろいろしてみたが、うまくい

かない。あの先生の学級は毎年、良い学級になるのに、どうして自分の学級は今年もダメなのかな。

それは、そのはずです。学級にいる子どもたちはもとより、親も地域も、学級ごとに異なるのです。そして、担任である教師も、みな異なり、個々の存在です。このようなことから参考となる「理論」、「実践」はあるものの、包括的な「理論」、「実践」は存在しません。つまり、学級経営をどのように考え、どうやって実践していくかについては、自分自身で掴み取っていくものです。

どれほど素晴らしい理論や方法を大学や研修会などで学んでも、担任が自ら考え、その方法をつくらない限り、その理論や方法は役立ちません。学級経営には、担任する教師の人間性が大きく影響します。

教師が思いやりのない人間では、温かい、思いやりのある子どもを育てることはできません。教師は、人生の先輩として子どものモデルであり、教師がどのような人生観や教育観を持っているかが、教育（学級経営）の仕方を左右します。

人間性豊かな（支持的な文化）学級・学校は、人間性豊かな教師が存在して実現するものです。

「至言（しげん）は言（げん）を去る」（立派な人は姿（無言）で人を感化する）、まさに、人間性豊かな教師の日々の姿が子どもにとって教育的な意義のある学びになる、と考えます。

2　教師の人間性

それでは、教師の日々の姿、つまり教師はどうあるべきか、「教師の構え」について、以下で述べたいと思います。

子どもの探究的な学び、つまり、子どもが新しい意味世界へ向かっていく時に、教師や親があこがれ（「目標・方向性」）の存在となれることは極めて重要なことだと考えます。

つまり、子どもに探究的な学びが芽生えたら、教師や親があこがれ

（「目標・方向性」）の存在として、それに寄り添い、支えることが探究的な学びの成立する必須条件だ、と考えます。

　例えば、中学校においては、自分が担当している教科を指導する際には、教師があこがれ（「目標・方向性」）の存在となっているか、どうかが、優れた教師となる重要な資質（能力）ではないでしょうか。

　また、教師の構えとして、もう一つ重要なことがあります。それは、教師は子どもの探究的な学びに寄り添うことが大切だということです。子どもが頑張って取り組んでいることに教師も興味・関心を持ち、一緒に笑顔で取り組むことこそが子どもの主体的な学びに繋がります。まさに、「師弟同行」（小原國芳が提唱）の構えを、教師は常に意識して子どもに向き合うことが不可欠だ、と考えます。

　子どもは、否、子どもに限ったことではありませんが、自分が好きなことに対して他者が共感してくれると嬉しくやる気になるのが常だ、と思います。教師が子どもに寄り添うことは、教師にとって実は難しいことです。なぜかというと、教師は一人で多くの子どもに対応しなければないからです。一人ひとりの子どもの探究的な学びは多様であり、その一つひとつに丁寧に寄り添うことは、教師に多くの時間と多様な興味・関心そして柔軟な思考がなければならないはずです。それでも、これがまさに教師の専門性であり、核となる力量だと思うのです。教師が子ども一人ひとりの探究的な学びの内容についてある程度の知識があり、好奇心を持ってそのことについての思いや考えを持っているからこそ、子どもに寄り添うことができるのではないか、と考えます。

　そう考えると、教師という仕事は、日常生活においても、社会（世の中）の「人・もの・こと」に対して、主体的に感じ・思い・考え、そして時には参画するような生き方が、本来求められている職業ではないでしょうか。

　最後になりますが、学校教育においては、教師の全人格が子どもに関与していることを肝に銘じ、日々、子どもたち向き合ってほしいと願ってやみません。

第3節　日本の学校教育における学級経営

鈴木亮太

1　国によって異なる教育システム

　学校教育の責務は、子どもたちに確かな学力をはぐくむとともに、社会性（社会的な自立）の涵養にあります。そのためには、質の高い力量のある教師を育てることが肝要です。また、それは、学校経営において最大の資産となります。

　日本では、学級担任を務める教師が、学級集団の育成、学習指導そして生徒指導（詳しくは後述参照）や教育相談、進路指導、食育指導など、学級の児童生徒に関するすべての指導・援助そして、学級事務などのことを「学級経営」と総称し、その職務を担っています。

　教育のシステムは、国によって違います。例えば、義務教育については、以下の通りです。義務教育を学校以外での教育も認めている国としては、アメリカ、イギリス、フランス、イタリアなどがあります。また、原則として、国の定めた学校に就学する方法しか認めない国として、日本、中国、韓国、ドイツなどがあります。日本の教育は、アメリカをモデルにしている面が強いですが、義務教育のシステムについては異なり、アメリカでは学校に通わなくても就学が可能です。

　日本の教育の目的は、教育基本法第1条「教育は、人格の完成を目指し、平和で民主的な国家及び社会の形成者として必要な資質を備えた心身ともに健康な国民の育成を期して行われなければならない」とあり、「生きる力（知・徳・体）※（知…確かな学力、徳…豊かな人間性、体…健やかな体）」を身につけることをめざしています。このようなことから、日本の学校教育そして教師の仕事は、学習指導と生徒指導の両面があるのです。つまり、学級担任制度（特に初等教育）は、日本とアメリカでは、教師の仕事について大きな違いがあります。

アメリカでは一般的に、教師の仕事は学習指導のみです。日本での生徒指導や進路指導などの仕事は、その専門資格のあるガイダンスカウンセラーが担当することになり、部活動などの校外学習を担当することもありません。

また、アメリカの多くの学校では、給食は特設のカフェテリアで摂り、教師は規律に関する監督のみが仕事で、日本のように「学校給食（学習指導要領に基づく）」の時間は、教育の一貫の時間ではないのです。さらに、日本では、学校の清掃も学校教育の一つと考えていますが、アメリカをはじめ欧米諸国では、清掃担当職員が行っています。筆者が、約15年前に、アメリカ・カリフォルニア州の小・中・高の学校へ視察に行った際、どの学校でも、清掃員の方が常時、ほうき、ちりとりを持って清掃している姿が見られました。

さらに上述したように、日本では、学習指導と生徒指導とも教師が担い、中学校では部活動も教師が担当している場合が現在でもありますが、今後、部活動は、社会教育の方に移行していくことが考えられます。小学校では、児童会（委員会）活動、縦割り班活動、通学班活動など、小集団活動や全体活動が多様な場面で様々に組織され、その組織を指導するのも学級担任の教師です。

従来からのわが国の学校教育は、学級という集団（共同体）を単位に、子ども（児童生徒）に生活や学習活動を意図的に取り組んでいくところに特徴があります。つまり、子どもたちにとって学級集団は、社会であり、そこでの学習活動や生活が、子どもたちの認知能力（知識など）と非認知能力（自己肯定感、忍耐力、やる気、社会対応力、創造性、集中力など）をはぐくむことになります。以上、述べてきたことが、わが国の学級経営の現状です。

2　生徒指導と生徒理解

ここで、学級を経営するうえで極めて大切な生徒指導と生徒理解につ

いて述べたいと思います。

　生徒指導とは、教師と子ども、子ども相互の信頼関係をはぐくむとともに、子ども理解を深め、子どもが「人・もの、こと」に主体的に関わりながら、自己実現に向けて行動できるように指導・援助することです。教師は、生徒指導の前にその対象となる子どもの理解を深めておくことが不可欠となります。つまり、生徒指導の根底には生徒理解が不可欠なのです。生徒理解の原点は、子どもをかけがえのない存在として向き合い、先入観を捨てることです。そして、子どもの行動を見取り、その言動の根底にある思いや願いを大切にすることが肝要です。

　その生徒理解のためには様々な方法がありますが、ここでは、筆者も活用したＱ－Ｕ（「楽しい学校生活を送るためのアンケート」…学級の実態把握のための質問用紙）について紹介します。

　子どもの個別の生活状況や、学級の現状を具体的に知る有効な方法の一つとして、Ｑ－Ｕ（「楽しい学校生活を送るためのアンケート」）があります。

　Ｑ－Ｕは、子どもの学校生活への意欲と満足度そして学級集団の状態を調べる質問用紙であり、河村茂雄氏が開発して、2009年で、小・中・高で200万部が利用されています。

　この調査結果から、いじめや不登校などの不適応の可能性が見つかったり、学校生活への意欲が低下したりしている児童生徒の早期発見につながったりしています。また、学級（集団）に対しては、学級の現状を確認や学級崩壊に至る可能性をチェックして、早期対応のための基礎資料となります。筆者自身も、現場教員時にはＱ－Ｕを学級経営に有効に活用していました。

第4節　学習指導要領改訂と学級経営

鈴木亮太

1　特別活動との関連性

　この節では、特別活動と学級経営の関連性について述べます。

　特別活動の目標については、中学校学習指導要領（平成29年告示）解説特別活動編に下記の通り、示されています。

　　　集団や社会の形成者としての見方・考え方を働かせ、様々な集団活動に自主的、実践的に取り組み、お互いのよさや可能性を発揮しながら集団や自己の生活上の課題を解決することを通して、次のとおり資質・能力を育成することを目指す。

　　(1)………行動の仕方を身に付けるようにする。

　　(2)………合意形成を図ったり、意志決定したりすることができるようにする。

　　(3)………人間としての生き方についての考えを深め、自己実現を図ろうとする態度を養う。

　この特別活動の目標は、学級活動、生徒会活動及び学校行事の三つの内容の目標を総括する目標です。

　学級経営と特別活動との関連については、以下のとおりです。特別活動は、教育課程全体の中で、特別活動の各活動・学校行事において資質・能力を育む役割だけでなく、全教育活動を通じて行われている学級経営に寄与することから、学習指導要領では次のとおり示されています。

　学習指導要領第1章総則の第4の1の(1)「学習や生活の基盤として、教師と生徒との信頼関係及び生徒相互のよりよい人間関係を育てるため、日頃から学級経営の充実を図ること」と示されています。これに対して、学習指導要領第5章特別活動の第3の1の(3)「学級活動における生徒の自発的、自治的な活動を中心として学級経営の充実を図ること」と示さ

れています。

　学級は、子どもにとって、学習や生活など学校生活の基盤となる場です。子どもは、学校生活の多くの時間を学級で過ごすため、自己と学級の友だちとの個々の関係や自己と学級集団との関係は、学校生活全体に大きな影響を与えることとなります。

　教師は、一人ひとりの子どもたちが、学級内でより良い人間関係を築いて学級生活に適応し、各教科等の学習や様々な活動の成果を高めるために、学級内での個別指導や集団指導を工夫しなければなりません。学級がより良い生活集団や学習集団へと向上するためには、教師の意図的・計画的な指導・支援とともに子どもの主体的な取り組みも必要です。

　学級経営は、特別活動を要です。特別活動の目標に示された資質・能力を育成することにより、さらなる充実が図れることとなります。

　学級での子どもの主体的な取り組みが、学びに向かう集団づくりの基盤となり、各教科等で「主体的・対話的で深い学び」を実現する授業改善を行ううえで、こうした学級経営の基盤があることは欠かせないのです。このことは、学習指導要領にも記されています。

　つまり、教師は、意図的・計画的に学級を経営していかなければならず、なぜならそれは、子どもたちにとって学級は、何回も繰り返し述べますが、学習や生活など学校生活の基盤となる場所なのです。そのことを教師は認識し、子どもたちの指導・支援に当たってほしいものです。

第5節　どんな学級が良い学級なのか
鈴木亮太

1　学級経営で大切にしてきたこと

　良い学級とは、どんな学級なのでしょう。筆者が学級担任として大切にしてきたことは、教室とは、子どもにとって「安全・安心・居場所」が存在するところでなければならない、ということです。下記の3点を、

学級担任教師は念頭において学級を経営してほしいと考えます。

　○学級（教室）は、子どもの「安全」が確保されていること。

　○学級（教室）は、子どもが「安心」できること。

　○学級（教室）は、子どもの「居場所（存在意義)」であること。

　そして、筆者が現職教員時に勤務した学校では、年度当初に学級担任が学級経営案を作成して管理職に提出しました。その際、筆者は下記の図のように、三つの視点から構想したうえで学級経営案を作成しました。

　これまで述べてきたように、教師は、まず、学校・学級の経営方針を踏まえたうえで、教師と子ども・保護者の思い・願いを擦り合わせて、学級経営案を構想することが必須だ、と考えます。

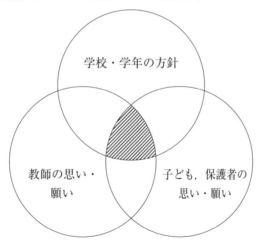

学校・学年の方針

教師の思い・
願い

子ども，保護者の
思い・願い

第2章

学校の役割と
管理職の見た学級経営

第1節　学校の役割

久地岡啓一郎

1　コロナ禍で見えてきたこと

　「学校とは何か」。"コロナ禍"によって，改めて浮き彫りとなった"問い"です。2019（令和元）年末から始まった新型コロナウイルス感染症（COVID-19）の世界的な規模での大流行は，社会生活の全般にわたって，多大な影響をもたらしました。

　学校もその例外ではなく，感染拡大予防のために，休校措置が取られたり，いろいろな場面での交流や体験活動，学校行事等の制限や中止を余儀なくされたり…。これまで，学校で当たり前に行われてきた様々な取り組みの在り方が見直され，また，学校そのものの役割や意味をも問い直されることになりました。

　こうした状況の中，2021年1月26日に出された，中央教育審議会の答申「『令和の日本型学校教育』の構築を目指して〜全ての子供たちの可能性を引き出す，個別最適な学びと，協働的な学びの実現〜」（以下「令和答申」）では，"コロナ禍"によって再認識された学校の役割として，次の3点が挙げられています。

　①学習機会と学力の保障

　②全人的な発達・成長の保障

　③身体的，精神的な健康の保障（安全・安心につながることができる居場所・セーフティネット）

　「学校」とは，子どもたちにとって，何よりも「学び」の場にほかなりません。「令和答申」でいえば，①の役割です。

　それでは，「学び」をどのように捉えて，「学校」で具現化していけばよいのでしょうか。

　筆者は，以下のように捉えています。

「学び」とは，「自分づくり」である。すなわち「自分なりのめあて
やなりたい自分の実現をめざして，他とより良く関わり合いながら，
本気で夢中になって取り組み，自他の成長に目を向けていく」とい
う営み。

　学校は，子どもたちにとって，このような「『自分づくり』としての
学び」の場として，大きな役割や意味を持ちます。また，「学び」を自
己実現でもある「自分づくり」とすると，「令和答申」の②の役割とも
大きく重なってきます。さらに，「『自分づくり』としての学び」には，
次の二つの側面を持っています。
　○個」の追究
　○他との「関わり合い」
　"「個」の追究"とは一人ひとりの追究活動であり，そうした追究活動
による「学び」を独りよがりにならずに，広げたり，深めたりするため
には，"他との「関わり合い」"が不可欠となります。
　この"「個」の追究"と"他との「関わり合い」"それぞれを充実させ
るとともに，両者をよりよく往還させることが，「学び」としての質を
高めることにつながっていきます。これは，「令和答申」が提唱する，
「個別最適な学び」と「協働的な学び」の一体的な充実にも大きく重な
ることです。

2　教師に求められることは

　学校を「『自分づくり』としての学び」の場に具現化するため，教師
に求められている役割とは何でしょうか。学校の基本単位で，子どもた
ちの学校生活の基盤となるのは「学級」であり，そこでの活動の大部分
を占めるのは「授業」です。
　そのために教師は，子どもたちにとって「学級」が「『自分づくり』

としての学び」の場となり，支持的風土を培い，「令和答申」の③でいう安全・安心な「居場所」ともなるように，子どもたちに温かく関わりながら"学級経営"を進めていかなければなりません。

　さらには，子どもたちにとって「授業」が，「『自分づくり』としての学び」となり，"「個」の追究"と"他との「関わり合い」"が充実できるように，授業力向上や授業改善を図っていかなければなりません。こうした「子どもに温かく関わっていく」（心，思い）と「学級経営力」・「授業力」（構想力や様々な手立てを講じる力等）を，教師の専門的な資質・能力として，磨き高めていくことが求められています。

第2節　現在の学校の課題

久地岡啓一郎

1　学校を巡る課題として

　「令和答申」は，社会の在り方が劇的に変わる「Society5.0時代」やコロナ禍など、先行き不透明な「予測困難な時代」を生き抜く子どもたちの育成をめざした教育の在り方を提言しています。

　その主旨は，「新学習指導要領の着実な実施」「GIGAスクール構想の実現」「学校における働き方改革の推進」などの必要な改革を躊躇なく進めることで，従来の日本型学校教育を発展させ，「令和の日本型学校教育」を実現することです。そうしたことを踏まえて，「令和答申」では，学校を巡って，次のような課題を指摘しています。

　①家庭や地域でなすべきことが学校に委ねられ，学校の業務拡大と教師の負担増大

　②子どもたちの多様化や学習意欲の低下

　③教師の長時間勤務による疲弊や教師不足の深刻化

　④学習場面でのデジタルデバイス使用の低調など，加速度的に進展する情報化への対応の遅れ

⑤少子高齢化や人口減少による学校教育の維持とその質の保証に向けた取り組みの必要性

⑥コロナ対応と学校教育活動の両立，新たな感染症へ備えての教室環境や指導体制等の整備

2 "鍵"となるのは

　②④⑥の課題は，子どもたちの「学び」に直接的に関わるものです。それらの対処として大きな鍵を握っているのが，「ICT」といえます。コロナ禍以降，学校での「学び」の在り方や授業づくりにおいて，学校現場は大きく変わりつつあり，その象徴となるのが，急速な「ICT」の整備だからです。

　そうした背景として，コロナ禍による休校措置等の実施に伴い，オンライン授業が不可欠となり，前倒しでGIGAスクール構想が全面稼働となったことは極めて大きいのです。

　すなわち，「1人1台の学習用端末」と学習ツール等のクラウド活用を前提とした「高速・大容量ネットワーク環境」が急遽学校に整備され，学習活動において大きな変革をもたらし始めました。学校での「ICT」の浸透は，「個別最適な学び」と「協働的な学び」を実現し，「『自分づくり』としての学び」にも大きな力となります。

　現状としては，「ICT」の有効性をまだまだ十分には生かし切れていなかったり，子ども間や教師間に技能面での新たな個人差を生じたり，課題も多くあります。いかにして「ICT」を推進していくのかが，いま、求められているのです。

第3節　子どもたちにとって良い学校とは

久地岡啓一郎

1　「つながり」としての学校

　小学4〜6年生を対象とした学校への意識に関して，次のような調査結果（東京大学社会科学研究所・ベネッセ教育総合研究所「子どもの生活と学びに関する親子調査」，2022年）があります。コロナ禍が始まった2019年以降，「自分の学校が好きだ」「自分のクラスが好きだ」「授業が楽しい」「授業の話し合いで積極的に発言する」の割合が2年続けて下がり続けました。

　これは，前述のように新型コロナの感染予防のため，人との接触が忌避され，授業をはじめ様々な場面での交流が制限されたことが大きな要因であると考ます。そのことは，コロナ対策が徐々に緩和され始めた2022年では，どの項目の割合も上がったことからも窺えます。コロナ禍によって，学校における様々な「つながり」が翻弄されることになったのです。

　人は関係性，すなわち，「人・もの・こと」との「つながり」の中で生きており，子どもたちも例外ではありません。そのため，子どもたちにとっての学校の意味や意義は，そうした「つながり」の中で，いろいろなことを学んだり経験したり，「つながり」の良さを実感したりしていくことです。当然のことながら，このような「人・もの・こと」の「つながり」は，学校が「『自分づくり』としての学び」の場や「居場所」としての役割を果たしていく土台にもなります。

　以上のことから，子どもたちにとって「良い学校」とは，「つながり」によって，子どもたちが「『自分づくり』としての学び」を進められる，「居場所」として安全・安心に過ごせる学校・学級といえるでしょう。

2 直接的な対面による交流も

　「人・もの・こと」の「つながり」を媒介する「ICT」の急速な発展・浸透は，人々のコミュニケーションの在り方をも大きく変えています。

　コミュニケーションは，「情報の伝達・交換」と「社会的関係の構築・維持」の二つの側面を持ちます。そして「ICT」の急速な発展・浸透は，特に前者の進展に大きな寄与をしています。そのため、前述のように，「学び」にとっても，「ICT」の効果的な活用は非常に有効となります。

　一方，「社会的関係の構築・維持」の側面において，特に人と人との関係づくりに関しては，「ICT」によらない直接的な対面による交流も極めて大切です。コロナ禍を通しても再認識された，直接的な「対話」がもたらす様々な働きや対面で"思い""感情""気持ち"を通わし合うことによる「共感」の醸成等。直接的な対面による交流は，そうした欠かすことのできないことならではの意味や働きを持っています。

　学校での「人・もの・こと」の「つながり」を生み，子どもたちの「『自分づくり』としての学び」や「居場所」づくりを推進して，「良い学校」としていく。そのためには，「ICT」と共に，直接的な対面による交流の意味や働きにも着目し，その場や機会を意図的・継続的に設定しながら，学校での諸々の取り組みを推進していかなければなりません。

第4節　管理職から見た小学校の学級経営

長谷川かほる

1　小学生の成長発達における特徴と指導のポイント

　学童期の子どもの成長は、発達段階ごとに個人差があり、その成長発達に応じて特徴があります。学童期の子どもの特徴は、6年間で見ていくことが重要であり、低・中・高学年でそれぞれの特徴を理解することが学級経営の基本となります。より良く理解することを基軸として、成長発達に応じた的確な支援や指導をしていくことが、学級経営の大切な指導ポイントとなります。

　学童期の最大の特徴は、子どもの生活する場が家庭から学校へ移ることです。そして人との関わりが広がり、仲間とともに集団行動をしたり、成功体験を通したりして、自尊感情が芽生えていく時期でもあります。

　小学校低学年の特徴は、言語能力や認識力も高まり、自然等への関心が増える時期です。また、幼児期にどのような育ちをしてきたかによって、社会性を十分身につけることができないまま小学校に入学し、周りの児童と人間関係をうまく構築できずに、集団生活になじめないといったいわゆる「小一プロブレム」の問題などが起きることがあります。

　小学校中学年の特徴は、ギャングエイジともいわれる時期であり、閉鎖的な仲間集団が発生し、その集団で良くも悪くもともに行動することが多くなります。一方で、自分のことを客観的に捉えられるようになってきますが、この時期は成長発達の個人差がかなり顕著になります。

　小学校高学年の特徴は、身体も大きく成長し、自己に対する肯定的なイメージや感情を持ち始めます。一方で自分と周りを比較して自己否定や劣等感など、負の感情を持ちやすくなる時期でもあります。

　このような発達段階ごとの特徴を踏まえて、小学校では、以下の指導ポイントを基軸にして学級経営を進めていくことで、どの子どもにも安

心安全な居場所のある学級をつくることができると考えられます。

　こうした特徴を持つ小学生に対して、学級経営における基軸となるおもな指導ポイントは、以下になります。

　(1)児童同士の好ましい人間関係を築く

　(2)児童一人ひとりの居場所をつくる

　(3)児童一人ひとりが活躍できる場面をつくる

2　管理職から見た「指導ポイント」を生かした学級経営の事例

　上述したおもな指導ポイントに基づいて、管理職から見た学級経営が優れている教師の具体的な事例を以下に紹介します。

(1)児童同士の好ましい人間関係を築く

〔事例〕

　A教諭は、教職10年目の中堅教員であり、3年生の担任として、新しく自分が担任する学級の児童とともに新年度をスタートしました。クラス替えをしてまだ日も浅いということもあり、新しい学級の児童の様子を丁寧に観察してみると、学級に馴染めず友だちと関わることのできない児童が複数名いることがわかりました。また、自分から積極的にほかの児童に声をかける児童も少ないなど、引っ込み思案の児童が多いという実態に気づきました。担任として気がかりな点が多くあることに気づいて、年間を通してどのように学級経営をすれば良いか、計画を立てることにしました。

　A教諭は、年度当初の学級の実態を捉え、「児童同士の好ましい人間関係づくり」が一学期の学級経営上の主な課題であると考えました。そこで、新学期がスタートした早い時期に、児童同士がお互いによく知り合い、理解し合えるように、様々な場面で交流する活動を意図的に取り入れることにしました。学級活動や朝の会、休み時間などを利用して、自己紹介クイズや自己紹介ゲームなど学級全体で楽しめる活動を定期的に実施しました。相互理解が進むように、そして児童自身が心を開き、

第2章

ゲームなどを通して友だちと関わることの楽しさを実感することができるようにと考え実践しました。

　実践を重ねていくうちに数名の消極的な児童が、自ら友だちの輪に入り、笑顔で交流している場面を見ることができるようになっていきました。A教諭は、まずは楽しい学級の雰囲気づくりを土台として、児童同士の好ましい人間関係を築くことができれば、結果として互いに安心感を持って交流したり、友だちの輪が自然と広がったりしていくということを改めて実感しました。1学期が終わる頃には学級全体が明るくまとまった雰囲気になり、授業中も協力し合って課題を解決する姿などが見られるようになっていきました。A教諭は、学級経営の基軸は、児童同士の基本的信頼関係であると考えていました。様々なトラブルが起きた時にも、児童同士に基本的な信頼関係が成り立っていれば、自分たちでより良い解決方法を見出し、トラブル解決につながっていくということを確信しました。A教諭は、このような学級にするために、学級の中で誰かが失敗しても、周りが温かく受け止めてくれるような学級の風土をつくることや、互いに認め合い協働できる関係性を、児童同士で築くことが大切であると実践を通して学んだのです。

〔管理職から見たA教諭の学級経営〕

　A教諭のような学級の児童同士の実態を早期に的確に捉えることができる観察力や推察力は、円滑な学級経営を進めていくうえで極めて重要な力であると考えます。こうした的確な見取りができるようになるためには、児童の成長発達の特徴を理解し把握するとともに、個々の特性を深く理解するなど、日々の児童との関わりを通して学校生活の中で地道に実践を重ねていくことで身につく力であるといえます。日頃から多様な経験を通して豊かな心や感性を磨くことができるようにしましょう。

（2）児童一人ひとりの居場所をつくる

〔事例〕

　B教諭は、教職6年目の教員であり、5年生担任として、児童が安心して学校生活を送ることができるようにするには、児童一人ひとりの学

級での居場所、心の居場所をつくることが重要であると日頃から考えていました。そこで、担任として、学級経営における課題を「児童一人ひとりの居場所をつくる」こととして、様々な教育活動の場面で児童の居場所づくりに努めるよう実践を重ねました。

前述したように高学年児童は、自己に対する肯定的なイメージや感情を持つ一方で、周りの友だちと自分を比べて、自己否定や劣等感を持つなど心の揺れ動く思春期の入り口にいます。

B教諭は、児童たちに、学級の中で確かな居場所をつくることは、児童の心の居場所をつくることでもあり、どの子どもにとっても安心安全で安定した学級づくりに繋がると考えていました。そこで、児童一人ひとりの強みを生かし、その強みが学級の中で認められ、自信を持って力を発揮できる場面を意図的につくろうと考えました。

具体的にはどの子どもにも、高学年としての自覚と自信を持たせる活動を取り入れることにしました。例えば、学級の係活動や学校の委員会活動、縦割り班活動などについて、活動の振り返りをする時間を定期的に設定しました。振り返りの時間では、活動途中での感想や活動を終えての感想などを書かせて振り返りを行い、自分が頑張ったことや友だちが頑張ったことなどを紹介し合う取り組みを行いました。取り組みの初期には、自分自身や友だちに対して形式的な振り返りが多かったのですが、この取り組みを継続することで、心から頑張った自分を徐々に認められるような児童が増えていきました。さらに、頑張った友だちを自然に認める姿、態度なども見られるようになっていきました。

B教諭は、一人ひとりの児童の頑張りを学級の中だけで共有するのではなく、見取った様子も含めて学級便りや保護者会などで積極的に発信し続けました。その結果、自分たちの良さを互いに認め合う学級の風土が少しずつ醸成され、授業中も自信を持って授業に参加し、活発に自分の意見を発表している児童の姿や、自分らしく自然体で学校生活を送っている児童の姿を見取ることができるようになっていきました。

B教諭は、これらの実践を通して、学級の中で一人ひとりの児童の居

場所をつくるために、児童が自信を持って安心して自分の力を発揮できるように、「自分の良さや強みに気づけるように支援する」「友だちの良さに目を向けることができるように支援する」ということが大切であると気がつきました。そして、学校生活において、児童同士が認め合い、満足感や自己有用感を高めることができる場面を数多く設定し、工夫すれば一人ひとりの確かな居場所づくりができると実感を伴う理解をすることができたのです。

〔管理職から見たB教諭の学級経営〕

　B教諭のように高学年児童の特徴をしっかりと理解して、学級経営を進めていくことは大変重要です。高学年児童は、友だちや周りの誰かと自分を比べて、できないことに対して自信を失い劣等感を持ってしまうことがあります。それがいろいろな学校生活の場面でマイナスに働いてしまい、授業中も学習意欲の低下につながったり、何に対しても無気力になったりすることさえあります。だからこそ、学級の友だちや先生から認めてもらったり、褒められたりする経験をすることで、自分の良さに気づき自信が持てるようになるのです。B教諭は、学級の児童が高学年としての自覚を持ち、自信を持って学校生活を送ることができるようにすることで、一人ひとりの確かな居場所づくりに成功しました。

（3）児童一人ひとりが活躍できる場面をつくる

〔事例〕

　C教諭は、教職4年目の若手教員であり、持ち上がりの2年生担任として気がかりなことがありました。それは、学校生活の場面で活躍している児童は、だいたいいつも一部の児童だということでした。学級には多様な個性のある児童がいましたが、その児童たちの活躍する場面を見ることが少ないと感じていました。

　そこで一人ひとりに活躍の場を与えて見守り、やり遂げられるようにすることで達成感を味わわすことができたら、自己有用感や自己効力感が高まり、多くの児童が自信を持って活躍できる学級になるのではないかと考えました。そこで、生活科の活動を中心に、一人ひとりが活躍で

きる場面を意図的に設定することにしました。年度当初に１年生とペアを組ませ、一緒に学校探検をする活動を通して全員に役割を与えました。１年生と探検がうまくできるように、事前に自分たちの関わり方をどう工夫すればよいか、また、一人ひとりが、１年生が困らないようにするにはどうすれば良いかなど、相手意識を持って考える場を設定し活動を進めました。

　ふだんは活躍する場面が少ない児童も、自分とペアになった１年生のためにどうすれば良いかを自分事として真剣に考え、意見交流をして活動に臨む姿を目の当たりにしました。探検活動の振り返りでは、１年生のために頑張ったことや、１年生からいわれて嬉しかったことなどを全体の前で一人ひとりが発表し、学級全体で共有し、互いをたたえ合うことができました。１年生の前で活躍する児童たちの様子を見て、Ｃ教諭は、この活動を通して児童が達成感や満足感を十分に体感することができたと感じました。学校生活のあらゆる場面で、一人ひとりが活躍できる機会や場面を意図的につくることは、児童の自己肯定感を高め学級の風土をより良いものにすると、Ｃ教諭は確信したのです。

〔管理職から見たＣ教諭の学級経営〕

　Ｃ教諭は、教職４年目の若手教員であり、２回目の２年生担任という経験から、１年間の教育活動の見通しを持って、学習計画を立てることができました。年間を通して、生活科の教科としての特性を生かし、活動を工夫することで、一人ひとりが活躍できる機会や場面を意図的・計画的に設定しました。これは、教科の特性と成長発達を生かした学級経営上、有効な方法であると考えられます。

　児童が主体の教科である生活科では、一人ひとりが活躍できる場面を他教科より創意工夫して設定することができ、低学年担任となった場合には、生活科の活動を基軸に学級経営を進めていくことで、児童の活躍できる場面や人間関係の安定した学級づくりができると思いますので、年間計画を立てる時に、学級の児童の実態に応じて効果的な活動を設定することがポイントになります。

第5節　管理職から見た中学校の学級経営

小山　勉

1　中学生の特徴と指導ポイント

　子どもの成長には個人差があるというものの、発達段階ごとの特徴があることは否めません。

　中学生の特徴として、平成21年7月の文部科学省「子どもの徳育に関する懇談会」では、以下のように示されています。現在も、これと同様であると考えます。

　　○中学生になるこの時期は、思春期に入り、親や友達と異なる自分独自の内面の世界があることに気づきはじめるとともに、自意識と客観的事実との違いに悩み、様々な葛藤の中で、自らの生き方を模索しはじめる時期である。また、大人との関係よりも、友人関係に自らへの強い意味を見いだす。さらに、親に対する反抗期を迎えたり、親子のコミュニケーションが不足したりしがちな時期でもあり、思春期特有の課題が現れる。また、仲間同士の評価を強く意識する反面、他者との交流に消極的な傾向も見られる。性意識が高まり、異性への興味関心も高まる時期でもある。

　　○現在の我が国においては、生徒指導に関する問題行動などが表出しやすいのが、思春期を迎えるこの時期の特徴であり、また、不登校の子どもの割合が増加するなどの傾向や、さらには、青年期すべてに共通する引きこもりの増加といった傾向が見られる。

　これらを踏まえて、中学校での学級経営は、小学校の学級経営の指導のうえに、次のような指導ポイントを加えていく必要があります。

　(1)男女相互の理解と協力

　(2)思春期の不安や悩みの解決

　(3)一人ひとりのキャリア形成と自己実現

2 指導ポイントの留意点

（1）男女相互の理解と協力

〔事例〕

　A教諭は、新規採用1年目で、1年生の移動教室のレクリエーション担当を任されました。A教諭は、この移動教室で、学年の男女間の隔たりをなくそうと担当の生徒にも相談し、レクリエーションの時間に「フォークダンス」を実施する計画を立てました。

　案の定、その計画を生徒の前で発表するや否や、生徒たちからの反発は激しいものでした。しかし、宿泊先でのレクリエーションの中で、いちばん盛り上がったのはこのフォークダンスでした。

　終了の時刻がきても、時間の延長を望む生徒からの声が途絶えませんでした。A教諭は、時間を守ることの大切さを生徒に伝え、強制的に終了させました。しかし、生徒の不満は収まらず、翌日の帰りのバスの中でも、これ見よがしに不満の声が続いていました。

　A教諭は、その声を聞きながら、この計画が良かったのか悪かったのか大いに悩みました。その時、一人のレクレーション担当の女子生徒が大きな声で生徒に呼びかけました。「初めは拒絶していたフォークダンスを、終わるのに反発するほどみんなが楽しめたのはA先生のおかげでしょ！」

　バスの中は、一瞬で静まりかえり、その後どの学級でも、いがみ合っていた男女の関係が緩和され、男女が協力し合う様子が見られるようになりました。

　この事例のA教諭の行動は、突飛でした。ただ、中学生の課題は「男女相互の理解と協力」であると日頃から意識していたため、突飛な計画であっても実施しようという強い意志が働いたのだと思います。その際、事前にその課題をレクリエーション担当の生徒に熱弁し、その解決策として、フォークダンスという古典的な方策ではありますが、生徒とともに熱心に考えたという点が重要です。

　思春期の生徒は、心の葛藤が激しい時期です。特に、男子と女子が互いに理解し合うことは、思春期特有の恥ずかしさもあって難しさがあります。しかし、その葛藤があるからこそ、互いに成長することができます。「教師が、生徒の課題を十分把握し、生徒にも心を割って、その課題や解決方法を相談する。それをきっかけとして、少しでも自分の考えを理解する生徒を増やし、信念をもって、その解決策に取り組む」。このことこそ、若い教師ができる大きな武器です。

（2）思春期の不安や悩みの解決

〔事例〕

　B教諭は、4年目、初めて異動し1年生の担任になりました。着任した学校は、学校全体が落ち着かず生徒も荒れていました。毎日のように事件が起こるため指導をしますが、一向に改善する気配はありません。B教諭は、生徒の心に訴える様々な方法を試してみましたが、生徒の心にはまったく届きません。生徒は、ただ単に、自分の行為の正当性を教員にいい放っているだけでした。

　ある時のこと、B教諭は、指導の最後に、次のような言葉をつぶやいてみました。「先生のいっていることが間違っていたら教えてくれ」。

　すると、生徒の表情が変わりました。その時は、何を話したら良いか、生徒もおどおどとしていただけでしたが、半年も過ぎた頃には、自分の行為の非を認めなかった生徒たちが、「先生のいっていることはわかるけどよ～、実は……」と、その時の自分の心の内を話してくれるようになりました。B教諭も、生徒の心の内をしっかり共有しました。

　この事例のB教諭の良かった点は、教員が生徒を理解しようとしたことです。これまでは、いけないことはいけない、悪いことは悪い、と一方的な指導を繰り返していました。その背景やその時の生徒の心の葛藤に耳を傾けようとはしていませんでした。

　中学生にもなると、自分の行為が、良いことか悪いことかの判断はつきます。それでもその行為をしてしまいます。悪いことだとはわかっています。だからこそ、どうしてその行為に及んでしまったか、その理由

を教師が口を挟まず、生徒の話をただただ聞き続けます。時間をかけて話を聞くだけですが、教師の心は必ず生徒に届きます。生徒は、自分を理解してくれる教師には心を開きます。心を開くから、教師の話を受け入れるのです。

そうはいっても、つけ焼き刃的に「先生のいっていることが間違っていたら教えてくれ」といっても、すべてうまくいくわけではありません。そのために、日頃から生徒に関心を持つことです。日々の生活の中で理解しようとする場面をつくることです。「昨日の委員会活動、どうだった」「部活動の試合は」「日曜日、どうしてた」と一声かけるだけで良いのです。それだけで、教師へのプラスの感情が育ちます。学活や担当する教科の授業など、生徒と接する機会が少ないのが、中学校の学級担任です。生徒への関心の持ち方を、若い教師の柔軟な考えで工夫していくことは大切です。

蛇足にはなりますが、B教諭は、学年主任にこの事例を報告しました。すると、学年主任は、学年経営の重要な施策として位置づけてくれたのです。担任した生徒たちが卒業する頃には、「開校以来の良い学年」といわれるようになりました。

（3）一人ひとりのキャリア形成と自己実現

〔事例〕

　C教諭は、新規採用2年目で1学年の担任になりました。校務分掌は、教務部、生活指導部、研修部、進路指導部に分かれていましたが、C教諭は、その年度も進路指導部のキャリア教育の担当になりました。

　C教諭は、前年度、3年生の副担任だったので、その経験を生かし、1年生から進学指導の計画を立て、高等学校の種類の紹介や受験の方法の説明会を企画しました。しかし、学年会でその計画を提案したところ、学年の先生からこのような内容のキャリア教育は時期尚早だと、再検討するように指示されました。

　C教諭は、3年生で指導した進路指導を、1年生から計画を立ててしっかりやっていくことがキャリア教育担当としての職務だと考えまし

たが、それが再提案になり、悩んでしまいました。

　この事例のC教諭ですが、これまで経験した3年生の進路指導の取り組みを振り返り、ブラッシュアップしていこうとしたその意欲はとても貴重です。ただキャリア教育の内容を、その一部しか理解していなかったことが反省点です。

　キャリア教育に関しては、「中学校・高等学校キャリア教育の手引き（文部科学省・令和4年3月）」の中で、「一人一人の社会的・職業的自立に向け、必要な基盤となる能力や態度を育てることを通して、キャリア発達を促す教育」と定義されています。さらに、キャリア教育ではぐくむべき能力については基礎的・汎用的能力であると示し、具体的内容として「仕事に就くこと」に焦点を当て、実際の行動として表れるという観点から、「人間関係形成・社会形成能力」「自己理解・自己管理能力」「課題対応能力」「キャリアプランニング能力」の四つの能力に整理しています。

　平成29年・30年改訂の中学校・高等学校学習指導要領でも、「生徒が、学ぶことと自己の将来とのつながりを見通しながら、社会的・職業的自立に向けて必要な、基盤となる資質・能力を身に付けていくことができるよう、特別活動を要としつつ各教科等の特質に応じて、キャリア教育の充実を図ること」と示されており、C教諭が考えていた進学指導に偏った取り組みがキャリア教育ではないことがわかります。

　その後、C教諭は、進路指導主任にキャリア教育について改めて相談し、生徒が将来の夢や希望を持ち、それの実現に向けて努力していけるような計画を立てようと努力しました。

　併せて生徒の出身小学校から、それぞれの学校のキャリア教育全体計画を取り寄せ、小・中学校が連携した計画になるよう検討を始めました。このような努力が認められ、2年後、C教諭は、進路指導主任に抜擢されました。

3 管理職から一言

(1)若いのだから……

「あなたは若いのだから、何でも一生懸命にやりなさい。そうすれば生徒がついてくる。生徒がついてくる教員には、保護者も理解を示してくれる。保護者が理解してくれる教員には、周りの教員も地域の方も協力してくれる。だから、まずは一生懸命やりなさい」。

これは、着任した若い教員への筆者からの励ましの言葉です。生徒と年齢の最も近い教員であるからこそ、まずは生徒とともに悩み、苦しみ、そして汗を流すことが大切です。そのように生徒に関わる教員には、生徒は心を開き、保護者にもその教師の良い評判を伝えてくれます。保護者からそのような評価をされる教員には、管理職や同僚の教員だけでなく、地域の方まで協力しようとしてくれます。「失敗しても大丈夫。なぜなら若いのだから」。それが若さの特権です。だからこそ、まずは一生懸命に取り組んでほしいと思います。

(2)口を挟まず……

生徒は、若い教員によく相談を持ちかけます。年齢が近い分、相談しやすいからです。他愛のない相談事も多いですが、時に安易に答えられない相談事もあります。そのような難しい問題にも若い教員だからこそ、教師という立場からか、何かしらアドバイスをしなければと躍起になるものです。

しかし、その必要はありません。中学生になると、その相談事に対する自分の考えを、まったく思いつかない状況で教員に相談しに来ることはほとんどありません。おぼろげながらも自分なりの考えを頭に浮かべながら、相談に来ることが常です。

だからこそ、無理矢理アドバイスをする必要はなく、生徒が発する言葉をただ繰り返してあげるだけでよいのです。

（生徒）「先生、……で悩んでいるんだ」

（教師）「そうか、……で悩んでいるのか」

（生徒）「先生、～だと思うんだよね」

（教師）「そうか、～だと思っているのか」

　このように、生徒とその考えを共有し、時にカウンセラーの立場になって関わることが大切です。

　昨今、各学校にはスクールカウンセラーが配置されており、すぐにカウンセラーに任せてしまう教員もいますが、それで良いのでしょうか。

　生徒の心を捉えられる教員が、生徒にとっては最も信頼できる教員であり、ベテランの教員になっても大切なものである、と筆者は確信しています。

第3章

学級経営の
やりがいと教師

第1節　良い学級をつくり上げる教師の心得

鈴木亮太

1　教室環境

　筆者は、新採から退職するまでの29年間で、学級担任を16回（16年間）させていただきました。その間、筆者が考えていた学級経営の構え・心得は、以下の5点です。

1　子どもの声に傾聴する
2　えこひいきをしない
3　「言行一致」（発言と行動が同じで矛盾がない）
4　「師弟同行」（教師と子どもが一緒に学ぶ）
5　学級環境が工夫・整備がされている

　上記5点のうち、ここでは、5について触れてみることにします。教室環境は、日々の子どもと学級担任教師の姿が投影されているようでもあります。その学級の文化は、その学級の教室環境を見れば、ほぼ知ることができるのではないでしょうか。

　筆者は、学級担任時には、教室の掲示物として、学級目標を敢えて筆書き、黒板の下部にクラス全員のネームプレートを貼っておいて、いつでも黒板に貼って使えるようにしていました。

　また、「みんなの広場」というコーナーをつくり、クラス全員の道徳のワークシート（短冊）を掲示しました。「総合的な学習の時間」では、クラス全員のテーマである「学習課題」を掲示し、毎授業の振り返りカードのファイルを、教室の子どもたちのロッカーの上にいつも置いていました。さらに、授業内容や話し合い活動の板書記録も掲示するなどしていました。

　このように子どもの学びを可視化することは、子どもの学習意欲、自尊感情（存在意義）を高め、私自身の教育実践の足跡にもなりました。

まさに、子どもたちと私の日々の営みの記録となり、子どもたちと筆者の日々の共通の話題となっていました。それでは、下記に、筆者が小学校6年生を担任した学級の様子の一端を紹介します。

《第6学年1組（学級経営）の一部抜粋》

経営方針	○自他の理解し、お互いを認め合う中で、自己の生き方を考えることができる児童を育てる。 ○最上級生として、規律ある行動様式を身につけ、正しい判断力と実践力を養う。 ○基礎的・基本的な事項を確かに身につけ、自ら考え学んだことを発展的に学習できる児童を育てる。 ○最高学年としての自覚と責任を持ち、自発的に奉仕活動や委員会活動に取り組み、その活動を通して互いを思いやる心を育てる。 ○家庭・地域との連携を密にし、児童に関する情報交換を図り、心身共に健康な児童の育成に努める。
	具　体　的　施　策
6年	・自己解決を図る発問、助言の工夫と時間の確保 ・継続的な基礎学力の定着（ドリル学習、ミニテスト、家庭学習がんばりカード、学習会の実施） ・自己表現力を高める指導の工夫（ネームプレートの活用、振り返りカード、基調提案検討方式による話し合い活動、公民館での学習発表会） ・係活動、委員会活動、朝のボランティア活動への意欲的参加 ・学校行事、学年行事、児童会行事を通して連帯感のある温かい学級・学年づくり ・「総合的な学習の時間」の推進、体育的・音楽的行事への積極的参加 ・児童理解の工夫（カルテの活用、「思い・願いノート」、教育相談）

　6年生を担任する中で、子どもの活気あふれる様子、そして、確かな成長を見とどけることができ、日々、学級担任としての責任を感じつつ喜びとやりがい、そして面白さを実感していました。

　クラスの子どもたちは、朝のドリル学習の時間には真剣に取り組み、休み時間になると、外で元気に遊んでいたり、オープンルームに足を運

第
3
章

んで「総合的な学習」や社会科の調べ学習をしたりするなどの姿が見られました。また、1年生とのランチルームでの「ふれあい給食」では、全員がいつも進んで給食の準備に取りかかり、その後、和やかに会食。そして、後片づけも笑顔で手伝っていました。

　一方、授業において、特に「総合的な学習の時間」での話し合い活動「基調提案―検討方式」では、友だちの思いや願いを肯定的な眼差しで受け止め、自分の思い、考えを素直に発言するなど、子どもたちの生活への前向きな姿が様々な場面で見られ、学級担任として誇らしく感じていました。この当時、勤務していた学校では、各担任がそれぞれに学級経営案を作成していました。前ページに示したのがその学級経営案です。

2　学級活動

　次に、筆者が当時、学級づくりのうえで特に力を入れていた活動を二つ紹介します。

（1）朝の自主活動

　クラス全員がそれぞれに自主的に、今日の朝の活動内容を決め、廊下にあるミニ掲示板に、今日の活動する場所に自分のネームカードを貼り、朝の7：45〜8：00まで、校舎内外の清掃活動、補修作業、委員会・学級の係の仕事をしたり、1年生との遊び、「総合的な学習」などの調べ学習等をしたりしていました。

　また、いま、行っている活動をみんなに手伝ってもらいたい時には、ミニ掲示板に活動内容、集合場所、集合時間等を書き、みんなに協力を呼びかけていました。

　この活動を通して、自分で決めたことをやり通すことで、「頑張ることができる自分」を自覚することができるようになりました。また、みんなで活動することで、友だちの頑張りを知ることができ、「みんなも頑張っているので、自分も…」という思いになりました。それが、団結して取り組む喜びや充実感を感じ、学級集団としての力となったと、考

えています。

（2）朝の会での「思い・願いノート」の発表

　クラス全員の子どもたちは、ミニノート（B6）を持ち、常に生活する中で感じ・思い・考えたこと、疑問に思ったことなどを自由に書き、輪番で朝の会で発表・話し合い（「基調提案―検討方式」を用いて）をしました。

　この活動から、発表者は、自分のこと・内面をみんなの前で話すことができた満足感を持つことができ、また、自分の思い・願いをみんなに真剣に聴いてもらえたことで、クラスへの所属感を実感していました。そして、話を聴いていた子どもたちは、改めて友だちの良さ（感じ方、考え方、好奇心等）を知る機会となりました。また、週2回以上、このノートを筆者に提出してもらい、これが児童理解のための基礎資料にもなりました。さらに、学習面や生活面での指導・支援として、本人の了承を得て、教師側からノートの内容について公開することもありました。

第2節　学級全員に「ありがとう」

鈴木亮太

1　最も心に残った事例①

　筆者自身が、学級担任として、最も心に残っている事例を二つ紹介します。

　筆者は、ある年度に、小学校6年生の担任になりました。4月1日に担任発表があり、筆者が担任することになったクラスの中に、登校しぶり児童が4人いました。

　この4人の児童とどう向き合っていくか、4月6日の始業式の日までに自分なりにどのように支援すると良いのかを考え、毎日やることとして、出勤前に4人の児童の家に寄って、「おはよう、先生です」など、声を掛けていくことにしました。先生は、きみたちを忘れず毎日、心に

とめていることを態度で示したいとの思いでした。

　特に、登校しぶりの児童は、自分の担任の先生が自分をしっかり見て
くれていると思えることは、学校へ気持ちが向く第一歩になるのではな
いか、と考えていました。そして、毎日、家庭訪問してから学校に出勤
することは、管理職、学年主任そして学級の子どもたちにも伝えていま
した。特に、子どもたちに伝えたことで、「先生がこの4人の友だちに
対して朝から支援していることを具体的に知ったことで、自分たちもで
きることはしよう」という思いになったことを、日常会話の中で感じ取
ることができました。

　その4人の中で、H君とW君との関わりについては、いまでも鮮明
に記憶に残っているので紹介します。

　H君は、大人しくとてもおだやかな性格で、友だちからからかわれる
ことがよくありました。5年生の11月頃から不登校ぎみになってしまっ
た、とのことでした。予想通り、4月6日の始業式の朝もご自宅に連絡
したところ、お母さんから「行けません」とのことなので、学校に行く
前に家庭訪問しました。玄関先で、H君のお部屋に向かって「おはよう
ございます。担任になった鈴木亮太です。よろしくお願いします」と自
己紹介しましたが、H君からの返事はありませんでした。しかし、2ヵ
月後、朝、家庭訪問したら、H君は、「先生と学校に行ってみます」と
いって、筆者と登校した日から、卒業式まで毎日、学校に来ることがで
るようになりました。

　H君に、なぜ、登校できるようになったのか聞いてみたら、「行って
みようと思ったきっかけは、先生が毎日来てくれて、ちょっと学校に
行ってみようと思い、行ってみたら、多くのクラスメイトが話しかけて
くれて一緒に遊んだり、勉強してくれたりして嬉しかった」といってい
ました。嬉しいことに、担任の期待を超えて、クラスがスタートして
3ヵ月で温かい学級文化が育っていたのかもしれません。

2 最も心に残った事例②

　W君は、誠実で優しい性格ですが、ちょっと独りよがりでこだわりが強いところがあり、登校しぶりになってしまいました。毎日、家庭訪問していて、6月以前は、野球の少年団に入っていたことを母親から聞き、朝の家庭訪問の際に、「また来るから先生とキャッチボールやらない」と誘いました。すると、7月には、放課後、自宅の近くの公園で30分程度キャッチボールをやってくれました。10月になると中休みと放課後、キャッチボールをすることで、午前中の保健室登校ができるようになりました。しかし、自分から「教室に行ってみます」とはいいませんでした。時が過ぎ、年明け、1月末になってしまい、卒業まで2ヵ月を切ってしまいました。そこで、両親に、W君にはじめて筆者の思いを伝えてみたいと相談したところ、「お話ししてください」とのご承諾をいただき、W君に次のようなことを伝えました。

　「W君は中学校で野球部に入りたいんだね。だったら、小学校卒業までにクラスに行って少しでも授業に出るようにしないとね。大丈夫だから、先生そしてクラスのみんなを信じて明日から1時間だけでも良いからクラスに行ってみない」と投げかけました。

　すると、W君は、「じゃあ、明日、1、2時間目だけ、行ってみます」との返答がありました。W君は、明朝、筆者と一緒に教室に行くことができ、なんと4時間目まで授業を受け、さらに給食を食べてから下校することができました。次の週からは、みんなと同じように1日授業を受けて下校できるようになったのです。そして、立派に小学校を卒業することができました。

　筆者が担任として、このような支援・指導ができた大きな要因は、担任した学級に、温かい支持的な学級文化が育っていたからだな、と考えています。この学級全員の子どもたちの支えがあってこそ、学級全員の子どもたちが立派に中学校へと巣立っていくことができたのです。

　この学級の子どもたちに感謝です。「ありがとうございました」。

第3節　学級経営はどう見られていたのか
齋藤雅子／高久亮平／内田晶子／橋本庄一

1　エールを（齋藤）

　この春、息子は晴れて社会人1年生となりました。あ〜、私の25年間の子育てはひと段落したのね、とほっと一息ついていた矢先に、この本の執筆依頼の一報が入り途方にくれました。編著者の鈴木先生は娘の小学校6年生の時の担任であり、恩師でもあり、はてさて何を理由にお断りしようかと。

　丁度、帰省中だった息子に「小学校の時の先生って覚えていたりするの」と尋ねてみました。この問いに対して「うん、覚えているよ」の即答に少し驚きました。

　姉は、活発な性格で、学校から帰って来ると、友だちのこと、先生のこと、学校であったことを詳しく私に話してくれたおかげで、その日1日の娘の様子が良くわかりました。一方、弟は、カードゲームや漫画の話はうるさいほど話しかけてきましたが、学校の出来事などを尋ねても言葉少なく、まったくといっても良いくらい息子の一日の様子が把握できなかったのです。

　そんな息子が、小学校の先生を覚えていたことが意外でした。「好きというか良かった先生はいたの」と尋ねると、「N先生かな…」とこれまた予想外の先生が登場しました。「ほめてくれて嬉しかった。みんなのこともほめていたよ」。そうだったのね、と納得しました。

　10年も前の小学校のことについて、息子としみじみ話す機会をプレゼントしてくれた編著者・鈴木先生に感謝の気持ちを込めて、執筆を快諾することにしました。

　それでは、娘と息子の担任であった3人の先生を紹介します。

　娘の担任であったT先生は、「学級新聞」を月に数回発行してくれま

した。学校では、何が行われているのかリアルタイムで知ることができ、また、娘の友だちをはじめクラスメイトの人柄などもわかり、授業参観や運動会など学校行事に出席した際、名前と顔が一致すると親しみを感じ嬉しくなりました。また、自然に学校生活の話題も多くなり、情報と気持ちを娘と共有もできました。

　そのT先生は、翌年、息子の担任となりました。姉とは3歳違いなので2年生の担任です。昨年は保護者からも評判が良いT先生でしたが、ある男子生徒の保護者からT先生の対応の仕方についてのクレームがあり、ちょっと気まずい雰囲気の学級懇談会になってしまったことがあったことをいまでも覚えています。何か誤解が生じていたのか、相性、またはタイミングが合わなかったのか、ただただ私は残念でなりませんでした。

　T先生から息子へもらった言葉があります。「お母さん、娘さんと息子さんを比べないであげてください。男女の性別もしかりですが、成長の仕方、早さはそれぞれです。息子さんはとても普通に成長していますよ。きっと大器晩成型と思われます」と。私は母親として、その言葉に救われました。T先生は、子どもを見て、保護者に向き合っていたと理解しています。

　多くの理科の実験を行ったO先生。家庭訪問の時は、私と目を合わすことなく話が進んでいきました。終盤に差しかかったころ、夏休みの理科系の観察についての話題となると、急に話し方が流ちょうになり、それからしばらく話は続きました。O先生のスイッチを押してしまったことに後悔した一幕です。あまりコミュニケーションは得意そうではなく学者肌のように感じたので、担任の先生としては不安に思えました。けれども、3年生である息子たちにとっては、意外と人気があり（失礼ですみません）、休み時間は女子生徒からも引っ張りだこだったようです。学年最後の学級懇談の席で、「子どもたちは素直に話を聞いてくれて、とても嬉しい。ぜひとも4年生も担任で持ち上がりたい」と、笑顔で話されました。

　一見頼りにならなそうなO先生でしたが、子どもたちの目線で物事を捉えて、何よりO先生自身が子どもたちと一緒に、楽しく学校生活を共にしていた姿が、魅力的だったのでしょうね。

　そうそう息子が答えた「好きな・良かった先生」のN先生。私の印象は、明朗快活で気さくな先生。赴任直後の担任でしたが、家庭訪問の時には、小学校にも慣れた上に、卒業して顔を合わせたことのない娘のことも知っており、私との会話も弾みました。大きな問題もなくスムーズに1年が流れたため、いまとなっては私の記憶には薄い存在になっていました。

　しかし、息子にとっては、いまでも真っ先に頭に浮かぶ「好きな・良かった先生」なんですね。きっと、きちんと子どもたちを見て、話を聴いて、長所を見つけて認めてくれる、信頼関係を築いていたのでしょうね。

　当時、息子の思っていたこと、感じていたことと、私のそれとは一致していないことをいまさらながら思い知りました。

　登場した先生方三様の信念があり、方針があり、表現の方法は違っていましたが、それぞれに素晴らしい先生だった、と私は信じています。

　家庭の事情は、多様です。保護者は、育児初心者であったり、仕事での責任が重くなる働き盛りであったり、自分・親・子どもなどの病気の看護や介護等を担っていたり…。1日を家族と過ごす時間より、学校で先生と過ごす時間の方が長いからこそ、心身ともに急激な成長期であり、人間関係やら社会のルールやら実に多くのものを学び吸収する小学校、中学校の尊い時期を、1年間かけて向き合う担任の先生は、大事な存在です。ゲームと違い、リセットはできないし、やり直しもききません。

　先生をめざす学生のみなさん、教員のみなさん、どうか各々の子どもの長所を見つけて「言葉」をかけてください。それはきっと水となり肥しとなって子どもの心の中に響きます。子どもを認め、長所を伸ばしてください。それはきっと子どもの自信となります。どうか良き理解者となって明るい未来に導いてほしい、と願います。

また、そんな志の高い、多くの先生方に出会って、導かれて、いま、こうして社会人となった息子に、これから出会っていく方たちに、そして育んでくれた社会に、少しでも恩返しができる人間になることを期待して、新たな門出を喜びながら送り出します。

2　これまでの「旅」を振り返って（高久）

　「みなさん、努力という言葉をどう思いますか」。静まった教室にいるすべての児童の頭に"？"が浮かんだ音が聞こえました。この言葉は、常日頃から「夢を大切に」と語る先生の言葉です。いまなら、その言葉を自分なりに少しは理解ができるのかなと思っています。

　私は、小学4年生（平成12年当時）から、小学6年生までの3年間、R先生に師事しました。個人的には、この時期は、アイデンティティの"種"を自身に植えていた、植えていただいた日々だったと感じています。その種とは「夢」です。その種が私の脳みそに植わったことで、いろいろなアイデンティティが自身に備わり、いまを生きています。

　当時から20年ほどの月日が経ちます。その間、人生を歩む中で、夢を恨み、夢に疲弊し、夢に感謝し、そして喜びを感じてきました。「夢」という言葉があったからこそ、様々な困難と幸運に自分自身が向き合うことができたのだと思います。そして自分自身が構築されました。そして、私もまた、いま、努力という言葉が嫌いです。

　理由は、「努力」は夢を叶えるための必要十分条件ではないことを知ったからです。夢を叶えるためには、「努力」は必ず必要なことではないけれど、夢を叶えようとするならば、「努力」をしなければその切符を手に入することはできない、と私は考えます。これは単純な論理命題ではありません。人生はそれだけ面倒くさく、理不尽であることをこの20年の間に知りました。それゆえに「夢を叶えるために努力をしましょう！」というステレオタイプが嫌いで、引いては努力という言葉がいつも気になっています。そして、20年間の始まり、R先生に師事した

こと、「総合的な学習の時間」という授業からその考えに至ることができたのだと思います。

　私は、映画宣伝等のエンターテイメント空間デザイナーを経て、現在はイベントプロデュースの職に就いています。その間、スーツアクターという仕事もしていました。大きな舞台からショッピングモールのステージまで、ヒーローのスーツに身を包みアクションと演技で、観客の前でリアルのヒーローを演じる仕事です。主役キャラクターを勝ち取ることや大ステージに立つためには、技の習得・知識の獲得・ライバルの存在等、多く壁がありますが、その役を勝ち取りステージでスポットライトを浴びることが当時の私の夢であったと覚えています。その夢を叶えるために私自身は、体を鍛え、アクション映画を食い入るように見て、新しい技の習得や知識の獲得に努めました。

　しかし、その横では、元からの体格やスタイルがあるから、運動神経があるから、コネクションがあるから、といった要素で夢を叶える人もいることを知りました。それこそが「努力」は夢を叶えるための必要十分条件ではないということです。ふと空から舞い降りた特急券をたまたま手にすることで夢を叶える人も存在しているのです。そして、私はその姿を見て自身の「夢」を憎み、疲弊しました。そもそも何でこんな夢を持ってしまったのか、どうして自分は特急券を手に入れることができないのか、と嫉妬をしたのです。しかし、運よく、私は、そのエネルギーを「努力」に変えることができました。そして、前述の「努力」の行為に惜しみなく注力したのです。

　しかし、夢は叶いませんでした。

　そして、一種の吹っ切れなのか、自身の好きな特撮作品を楽しむことを思い出したのです。その時から、「努力」することをやめました。同じことをしていても「楽しむ」ことにしたのです。それは傍から見るといわゆる「努力」と見えていたのかもしれません。気づいた時には、大勢の観客の前でスポットライトを浴び、大見得を切っている自身がいました。夢が叶ったのです。そして、自身のアイデンティティの一つに

「ヒーロー」というピースが生まれました。

　上述したように、"運よく"ネガティブなエネルギーを「努力」に変えることができたと述べました。それこそが「夢」という言葉が持つパワーなのだと感じています。当時にこの言葉に触れていなければ、嫉妬を嫉妬のまま、マイナスのエネルギーとして自分に費やしていたかもしれません。その後、スーツアクターの経験を活かして、特撮イベントの空間をデザインする仕事や、映画宣伝の仕事につながることになります。気がつけば、次の夢への特急券を手にしていたのです。

　もちろん、特急券を手にしたとしても、人生はそう簡単ではなく、列車に乗るまでの間に、ホームで転んだり、乗る電車が遅延していたり、ダイヤが乱れていたり、忘れ物をしたりします。

　具体的に私の人生では、ブラックな仕事環境で心身を病んだり、大失恋をしたり、大切な人を無くしたり、文字通り草を食うほど経済的に困窮したり、いろいろな壁が複合的に自身の前に現れました。その節々でスーツアクターの夢と同じような葛藤で下を向き、前を向き直すということを繰り返してきました。

　そして、ふと立ち止まってみると、過去何度も夢を叶えられた自身がいると同時に特急券を得て、列車に乗り、次の夢に向かいつつも苦しい気持ちを携えながら、自分を奮い立たせて生きている自分に気づきます。

　以上の考えに至ることができたことは、私にとって幸せであると考えています。そして、その幸せを感じることができた理由こそ、アイデンティティの種である「夢」という言葉、そして、その意味をR先生から教わったからです。

　現在私は、34歳になりました。こんなおじさんになっても、これから私の人生がどうなるのか、私自身が楽しみです。どんな出会いがあり、どんな仕事をし、どんな恋愛をして、どんな家族をつくり、どんな死を迎えるのか。

　どこかのタイミングでは、時々列車を途中下車して、R先生とお酒を酌み交わしながら、いままでの旅を思い出したいなと思っています。

3　恩師との思い出（内田）

　恩師のR先生は、中学3年生の担任で、私が進路に迷っていた時の悩みなど、何度も親身になって相談にのってくださりました。たくさんのご指導をいただき、とても感謝しております。

　はじめまして、こんにちは。私は、茨城県の水戸市に生まれました。幼い頃は小児ぜんそくがあったため、季節の変わり目や夕方冷え込むと、ぜぇぜぇ、ヒューヒューと呼吸が苦しくなり頻繁に熱を出していました。母の自転車の後ろに乗せられて、小児科で点滴を受けることが多かったとことを記憶しています。

　小学生の頃は、体力も少しついてきましたが体育は苦手で、特に水泳は怖くて顔を水につけることができず、すぐに唇と指先が紫色になりチアノーゼになっていました。小学校の担任は、いつも機嫌が悪く大声で怒鳴ってばかりいました。お気に入りの児童にはとことん甘く、気に入らない児童には本当に厳しかったです。ひいきがすごかったのです。

　こうしたこともあり、天真爛漫な私が気に入られるはずもなく、下校時間が過ぎても友だち二人と一緒に小学校で遊んでいたことがばれて、翌日、友だち二人と共に、教室のみんながいる前で立たされて怒られることもありました。それは日常茶飯事で、先生が児童を注意する時は、みんなの前で見世物にされることが多く、生徒たちはみないつも怒られないようにビクビクしていました。

　また、小学校の歴史の授業ほど苦痛なものはありませんでした。授業が始まると、先生がその時代の年表一覧を黒板の端から端までびっしり書き、それを児童がひたすらノートに書き写す作業を40分した後に、児童が最後まで書き終えていなくても、一方的に先生が板書に沿って教科書や資料集などを説明して終わりでした。

　お陰様で歴史は暗記という嫌いな教科になり、いまとなっては大河ドラマも歴史的な出来事や登場人物に？？？が出てしまい、心から楽しめない悲しい結末を迎えております。

中学校での新しい生活への希望と不安を持ちながら入学式を迎えました。1年生の担任は、首にスカーフを巻きつけて、紺色のブレザーを着たインテリ熱血教師でした。三者面談の時に、先生が実践してきたことで「覚えられないなら紙に何回も書いて覚えればいいんだよ」とアドバイスを受けて、やってみたら成績が上がり、私の勉強法の基礎となりました。一方で、「え、きみ女の子だったの」「野菜を食べないと痩せないぞ」と、多感な時期の女子に容赦ない言葉を浴び泣かせることもありました。

　2年生の担任は、学年主任もしていて、いつも慌てて忙しそう、けれどニコニコ笑顔で優しく面倒見が良い英語のS先生で、勉強や部活動も大変だったけれども楽しかったです。いちばん嬉しかったことは、国語のS先生に、古典の文法でわからなかったところをわかるまで熱心に教えてくださり、その部分は全問正解できてクラスのみんなの前で褒めてくださった時は学習意欲が沸きやる気満々でした。衝撃的な出来事だったのは、ほかのクラスで数学の担当が変わり、一部の生徒の考えで、授業が始まると同時に、クラス中の生徒が一斉に机の上の教科書やノートを床に落とすということが起きました。ほかのクラスでもボイコット運動が起きて、先生を泣かすということがありました。

　社会科はR先生で、予習を重視、ノートのつくり方は1／3に予習欄をつくり、テスト前にノート提出があってそれも評価の加算としていました。授業時間が50分のために集中力が切れてしまうこともありましたが、授業の合間にブレイクタイムを設けて、先生の体験談や職員室内での話、雑談などいろいろな話を興味津々に聞くことができました。

　ホンダワコード株式会社の就職面接で、創業者に関する質問され、本田宗一郎氏と答えて面接官が感心してくださったことを思い出します。R先生が授業の中で、本田宗一郎氏や星野仙一氏に対する尊敬を熱弁していたことが、予想外のところで役に立ちました。もちろん、教えていただいたことは、社会人になってからも役に立っています。

　そして3年生の担任は、茨城県大子町出身のR先生でした。都会で

洗練されたのか、愛車は外国車、左のポケットにワッペンのついた紺色のトレンディドラマに出てくるようなスーツで縁の太い大きな眼鏡、ぱっちりした眼、ガハハハッと陽気な笑い方でいつも元気でした。本当に生徒より元気。「うっちゃん」とでかい声で呼んでくる。卒業アルバムに載せる集合写真でズボンを忘れ、借りたけれど裾がつんつるてんになったと笑わせてくれました。そんなR先生のクラスには、やんちゃな目立つ生徒が集まり、クラス分けの時は戦々恐々としていたことでしょう。修学旅行の大阪城で、クラスメイトと一緒にたこ焼きを食べたことは良い思いです。

　R先生とは、中学卒業後も年賀状や暑中見舞い、数年に一度の食事会などで近況を報告していました。恥ずかしい話ですが、高校では具体的な夢や目標も持てず、OLになれれば良いかなくらいの考えでした。私の結婚式では、R先生とE先生で思い出話に大いに盛り上がることができたことでしょう。いつも生徒に対して分け隔てなく、明るく優しく接してくださいました。出会いを大切に、これも何かの縁と、そんな先生方の生徒でいられたことがとても嬉しいです。2003年に女児、2006年に男児を出産しましたが、翌年、シングルマザーとなりました。

　親戚のA先生が高校の数学教員で多大な協力を得られたこともあり、2008年に見事、茨城県立中央看護専門学校3年課程に30歳で入学できました。第100回看護師国家試験に合格し、総合病院で働き始めて12年になりました。R先生が茨城大学大学院や早稲田大学大学院で、さらに目標を高く持ち志す姿を目の当たりして身の引き締まる思いでした。2023年、私も看護師の特定行為研修を受けて努力を重ねています。

　そして、親としてもまた学校に関わり、教育の難しさを実感しました。息子が小学校6年生の時、学級崩壊、学年崩壊があり、いじめを受けている児童がいたこともあり、臨時の保護者会で当番を決めて保護者の授業参観をすることになりました。小学校3・4年生の頃から友だち同士で叩いたり、蹴ったりは日常茶飯事でした。教育委員会に連絡して偉い方が見学しに来ても、授業中に数人が歩き回る、ふざける、授業が中断

することがありました。息子が青あざをつくって帰ってくることもあり、「学校に行かなくても良いよ」と伝えても、息子は登校していたため、その頃は心配で何をしていてもいつも気が気ではない思いでした。

娘の時にも、噂に尾ひれがついて、やってもいないことまで、娘の同級生がわざわざ娘を冷やかすことがありました。ベテランの学年主任の先生は、時には涙を流しながら出勤していたと聞き、熱心な先生方も体調不良になってしまった伺っています。このことから、先生と保護者が協力して取り組むことが最も大切だと感じました。しかし、協力を得られなかった保護者もいて、家庭ごとに教育方針があることを受け入れる必要もありました。

今後、教員や看護師をめざす後輩たちへ……。教員採用試験や看護師国家試験などに合格して晴れて社会に出ても、厳しい状況が待ち構えています。そのため、早く学生気分を卒業し、社会人としての自覚を持ってほしいと願います。つらいことがあると休んでしまう。その穴埋めをする周りの人たちへ気遣いや感謝を忘れないようにしてほしいのです。

毎年、新人指導には頭を抱えています。怒ってはいけないと頭ではわかっていても、つい患者の方のことを考えたら口調が強くなってしまう。患者の変化や異常に、早期に気がつき対処すれば悪化せずに済む場合もあるため、意識障がいで自分の痛みや苦しみを言葉にできない患者といちばん近いところで、命を守ることを考えると厳しくなります。

学校には、色々な家庭の事情を抱えた生徒がいることでしょう。発達障がいなどの個別指導の児童生徒もいて大変なことでしょう。

それでも、学校の先生には、まずは、子どもたちの命をいちばんに考えて、行動してほしいと思います。そして、問題を抱えたら一人で悩まずに、早めに周りの先輩たちに報告・連絡・相談し、フィードバックをうまく活用することでより良くなることを願っています。

最後に、どんな時にも生徒の心に寄り添ってくださるR先生のことをずっと尊敬してきました。私も先生を目標に、相手の心に寄り添える人になりたいです。

4　ある事例をもとに (橋本)

　私は、PTA会長として学校経営に携わっていましたが、学級経営には関与してないため、学校経営について紹介させていただきます。

　私は、当時、週2〜3日、午前または午後、校長室に滞在していました。その目的は、学校のトップである校長先生との信頼・連携・コミュニケーションを構築するためでした。何事にも連携して、即行動・即実行というスピーディーな対応をする、これは、いまも昔も求められていると思います。具体的な私の行動は、全保護者に聞く耳を持ち、情報という名のアンテナを張って、行動することでした。

　例えば、校内の飼育場でウサギを飼っていたのですが、数が増えすぎてウサギ同士でけんかをして怪我をしたり、何よりも過剰繁殖したりすることが問題でした。

　校長先生と解決策を協議した結果、県の獣医師会に相談して、怪我の治療や去勢手術をしていただきました。本当に助かりました。さらに、地域の協力を得て、隣接の公民館で里親募集をさせていただき、この問題を解決できました。

　こんなこともありました。当時、創立記念事業で、学校に楽器等が寄贈され、吹奏楽コンクールにて優秀な成績を収めていました。しかし、その楽器等のメンテナンス費用の捻出に困惑しました。協議の末、学校関係者・地域の自治会・市議・社協・公民館の協力を得て、ボランティアバザーを開催し、その売り上げをメンテナンス費用に充てました。

　以上のことから、学校と保護者は、心身一体でなくてはならないと思いました。それが、この学校に通う子どもたちにとっても、最善だと考えました。

　当時、私は、三人の息子のうち、次男のクラス（3年・4年）で学級崩壊を目の当たりにして困惑していました。担任は女性教諭、高学歴でエリート、さらに学年主任（当時2クラス）でした。私は、PTAという立場よりも、親としてどうにかしなくてはいけないとの思いで、我が

子やその友人から現状を聞きました。

　また、授業も参観しました。子どもは、小学校３年生から自主性が育つといわれます。その子どもたち（当時１クラス40名位）をまとめるのは非常に大変だな、と感じました。教師の振る舞いに、親よりも子どもたちの方が敏感だと感じたのは、私だけではないと思います。自主性が強くコントロールが効かない子どもたちをまとめるのは、一筋縄ではいかない、と思いました。

　しかし、PTA活動も含め、よく学校に足を運んでいた私は、根は優しい子どもが多いことを把握していたので、大人（教師）の心情を見透かし、行動をよく観察していることも感じました。

　教師は、子どもであろうが一人の人間として、一人ひとりと向き合う姿勢・態度が必要です。このことから、教師は、威厳と誠実さをもって子どもと向き合うことを忘れずに、教育に携わるべきと思います。

第4章

学級文化を左右する言語環境

第1節　生活における言語環境を整える

篠原京子

1　あいさつ

「おはようございます」「こんにちは」「さようなら」……学校生活の中にはたくさんのあいさつがあります。一つひとつの言葉に深い意味はありませんが、顔を合わせても黙っていると、怒っているのかな、具合が悪いのかな、と不安になります。かといって、毎回違う言葉を考えて会話を交わすのは難しいので、朝会ったら「おはよう」という決まり文句があることがとても便利なのです。

あいさつをすることで、相手に対して嫌な感情を持っていない、仲良くしたい、という自分の気持ちを簡単に相手に伝えられます。

あいさつは、集団をつくることによって発展した人類が、人間関係の構築のために発明した優れたコミュニケーションツールです。

仲の良い明るい学級をつくるためには、あいさつが欠かせません。まず教師が、自分から進んで明るく元気な声であいさつをしましょう。名前をつけて「山田さん、おはよう」とあいさつをすると、信頼関係はさらに深まり、楽しかったことや不安なことなど、心を開いて様々な情報を提供してくれるようになります。それらの積み重ねが深い児童理解につながり、よりよい学級経営の基になるのです。

2　返　事

朝の健康観察では「はい、元気です」などの返事の仕方を教えます。学級の子ども全員と教師が、短いながらも1対1で会話を交わすこの時間は大変貴重です。この時、一人ひとりの表情や顔色、声の調子をよく観察することで、その日の体調や気分を把握することができます。

授業で指名された時にも「はい、………です」と返事をしてから発表するように習慣づけると良いでしょう。また、教師も子どもからの呼びかけに「はい、………」と返事をして答えるようにします。

返事の習慣が定着すると、明るい生活のリズムが生まれ、相手を尊重する落ち着いた学級の雰囲気ができ上がります。

3 敬 語

敬語は、相手への敬意を表す言葉で、奈良時代や平安時代の宮廷社会の中で発達しました。宮廷では、たくさんの階級に分かれた人たちが大勢で生活していたので、秩序を保つためには尊敬の程度を明確に表す必要がありました。その伝統を受けついで、日本では現代社会においても敬語が多用され、正しく使えないと、一人前の社会人として認めてもらえないことがあります。

学校は、子どもが敬語を学ぶ最適の場です。授業中の発言や教師へ言葉は、基本的に敬語を使わせるようにしましょう。決して先生が偉いからではなく、教師は子どもの敬語の練習相手としての役割を持っているからです。

まずは、「です・ます」を使った丁寧語の話し方から教え、学年が上がるにつれて、尊敬語や謙譲語などの使い方も、適宜、指導するようにします。

実践的な言語能力は、国語の時間だけで身につくものではないので、日常の学級生活の各場面で指導するようにします。教師自身の話す言葉は、そのまま子どもの敬語の手本となります。

また、保護者から信頼を得るためにも敬語を正しく使うことが大切です。そのためにはまず、教師自身が正しい敬語を身につける努力が必要になります。

4　けんかの仲裁

　学級では日々、様々なトラブルが起こり、教師の悩みの種となっています。しかし、見方を変えれば、子どものけんかは、言語指導の絶好のチャンスでもあります。

　まず、両者を手の届かない範囲に離します。そして教師が、双方からけんかの事情を聞きます。この場合も、相手への敬意を示す敬語を使わせると、話しながら次第に落ち着きを取り戻していきます。そして、相手が話している間は、たとえ反論があったとしても黙って聞くことをルールとします。一方の主張が終わったらもう一方の主張を聞く。これを数回繰り返します。プライバシーに触れる内容でなければ、遠巻きに見守るクラスメートもそのまま同席させるようにして、一緒に聞かせます。取り巻きが判定者としての役割を果たし、当事者は無責任な発言ができなくなるので、良識のある話し合いとなります。

　このように、けんかの仲裁を公明正大に明るく行い、仲直りさせる指導ができると、民主的な学級組織となります。

第2節　学習における言語環境を整える

篠原京子

1　授業における教師の言葉（発問・指示・説明）を磨く

　子どもの学校生活の中で最も多くの時間を占めるのは授業です。授業がわかりにくく退屈であると、学級崩壊にもつながります。いっぽうで、分かりやすく満足度の高い授業が展開されれば、子どもたちの間に笑顔と活気が満ち、楽しい学級となるのです。

　以下、授業で必要な言語環境について述べます。

　楽しい授業は、簡潔でわかりやすい教師の言葉によって成り立ちます。その場の思いつきの言葉は不完全で、言い直しやつけ足しが多くなって

しまいます。授業における発問・指示・説明は、実際に子どもに向けて発するセリフレベルまで具体化して準備すると良いでしょう。

　例えば、「ごんのいたずらを確認しましょう」のような抽象的な文言ではなく、「ごんがしたいたずらについて書かれているところを三つ探して線を引きましょう」のように、子どもがすぐに活動に取り組める言葉で授業案をつくることが大切です

　よく練られた言葉による授業を進めれば、落ち着いた学習が展開され、教師は子どもたちの活動を見守りつつ、必要な支援を行うことができます。いっぽう、完成度の低い発問・指示・説明だと、訂正や追加の言葉が増え、授業は混乱します。そのような授業が繰り返されると、子どもたちの間に教師への不信感が生じ、教師の言葉を真面目に聞かない学級になってしまいます。

　子どもの活動する姿を具体的にイメージしたセリフ型の指導案の普及が望まれます。ただし、指導案は学校や地域によって形式が決まっている場合が多いので、それを勝手に変えることはできません。その場合は、補助資料として、発問・指示・説明のセリフを各自準備して授業に臨むと良いでしょう。

2　全教科での音読指導

　子どもたちは、教師が思う以上に教科書が読めていません。小・中学生の教材文は大人にとって読みやすいため、子どもも簡単に読めると勘違いしがちです。「教材文を繰り返し読ませると子どもが飽きる」「音読は低学年のすることで、高学年は黙読が良い」という主張も見受けられますが、これは間違いです。

　学齢に応じて教材文も難しくなります。何年生であっても音読させて、きちんと正しく読めていることを確認する責任が教師にはあります。近年では、外国籍の子どもも増えており、教材文の一斉音読は彼らに耳から学習内容の理解を図ることにも役立ちます。

　国語のほか、算数・理科・社会その他全教科において教科書の音読は効果的です。各教科の専門用語や歴史上の人物名、算数の記号など、実は読めていない子どもも多くいますが、黙読や指名読みではその実態を確認することができません。授業の中で音読練習の機会を確保し、教科書がすらすら読める学力を、教師は保障しなければならないのです。

　教材文の音読練習を、毎日の家庭学習の課題にしている学校も多くあります。音読の機会を拡充するという点では良いことですが、家庭任せにしてはいけません。

　基本的には授業で指導し、無理のない範囲で家庭にも協力を仰ぐ程度にすべきです。また、その際は、国語の教材文だけでなく、他教科も課題にすることでマンネリ化を防ぐことができます。

　テスト問題が読めないために得点が伸びない子どもも多いと思います。テストを返却する時に、みんなで問題文や模範解答を一斉音読すると効率的に復習ができ、その後の得点を伸ばすことができます。

3　板　書

　電子黒板やデジタル教科書が普及し、手書きの文字の出番は減りつつあります。しかし、このような時代だからこそ、教師が美しい文字を黒板にすらすらと書く姿を実際に見せる機会は貴重です。

　文字を覚えさせるには、できあがった文字を映し出すのではなく、実際に書く過程を見せる必要があります。教師の板書を見つつ、子どもたちは、書き順やバランス、筆圧など、文字を書く上で重要なポイントを体感できます。

　現代社会における学校教育では ICT の活用は不可欠ですが、それと同等に、美しく整った手書きの文字を、教師が手本として書いてみせる体験的な言語環境は重視すべきです。

第3節　言語活動の充実を図る

篠原京子

1　言葉遊び

　大学生に、人前で発表するのが好きかと聞くと、多くが「苦手である」「できればやりたくない」と答えます。この実態が、これまでの日本の学校教育における言語活動の帰結であることを十分に反省しなければなりません。以下、発表意欲を高めるための言語活動例について述べます。

　言葉遊びとして、なぞなぞ、しりとり、早口言葉、回文、だじゃれ、カルタ、などがあります。これらは幼児教育でも領域「言葉」の中で多く扱われています。小学校でも、低学年だけでなく高学年でも継続して実施し、言語能力の向上を図りたいと思います。言葉遊びを通して、語彙を増やし、言葉の楽しさや奥の深さを実感して言葉への興味・関心を高めることは、全教科における学力向上に必ずつながります。

2　スピーチ

　「話すこと・聞くこと」の学習は学級経営に大きな影響を及ぼします。多くの学級では、年度初めに自己紹介の機会を設けますが、新しい学級で緊張している子どもにとってはハードルの高い活動です。効果的に実践するためには、例えば次のページに示したような基本の型を提示しながら、初めに担任が手本見せると良いでしょう。

　この基本の型は、朝・帰りの会のスピーチ、毎学期の自分の目標、図工でつくった作品の紹介、係活動の報告などに様々な場面で応用できます。慣れてきたら、発展として自己紹介リレーも楽しい活動です。型と手本によってやり方がわかれば、どの子も喜んで取り組みます。そして、

みんなの前で話すことができたら必ず褒めることが大事です。細かな注意点を指摘しなくても、人前で話す楽しさを味わうことができれば、自己表現の好きな子どもが育ちます。好きになってその後も進んで実践すれば、話す技術は自然に上達します。

①私の名前は（○○○○）です。

②私は（カレー）が好きです。

③（給食でカレーが出る日は，朝から楽しみです。）

④よろしくお願いします。

(低学年は，①②④の項目だけで十分です)

　復唱する数をどんどん増やしても良いでしょう（つまり、5人目は全員の分を復唱する）。自分が話すだけでなく、前の人の話した内容を繰り返すことで真剣に聞く態度を養うことができます。何回も聞くことでその人物の名前や特徴がしっかりと記憶に残り、お互いに相手を理解し、尊重し合う学級づくりに効果的です。

3　話し合い

　言語活動を実践するには、学級の中に十分な信頼関係を築くことが必要です。「こんなことをいったら馬鹿にされるのではないか」「反対意見をいったら仲間はずれにされるのではないか」などの不安を抱えた学級では、子どもは安心して自分の意見をいうことができません。

　係活動で誰がどの係を担当するか、休み時間のクラス遊びで何を行うかなどの議題は、子どもにとって学校生活を左右する重大な関心事です。教師は決してえこひいきすることなく、自己主張の強い子も、控えめな子も、対等に意見を述べ合うことができる人間関係づくりに日頃から努める必要があります。

　国語の話し合いの学習では、実際に利害関係の無い架空の議題（例えば「お楽しみ給食の献立を決めよう」「遊園地をつくるとしたら」など）を設定すると、失敗を気にせず安心して練習することができます。国語

で話し合い方の基本を学び、それを応用して、各教科や学級生活で実際に必要な議題についての話し合い活動を実践すると良いでしょう。

4　言葉における論理的思考力・表現力の育成

　小学校3・4年生の時期は、抽象能力や論理的思考力の発達がめざましく、この時期に子どもが乗り越えるべき課題については「9歳の壁」または「10歳の壁」などと呼ばれています。つまり、論理的思考力・表現力の発達において、小学校の中学年は大変重要な時期なのです。

　岡本は「学童期を契機にして、一つの大きな質的転換を遂げることによって、ことばはことばとしての力を十全に発揮する」(岡本夏木、1985、『ことばと発達』岩波書店　pp.13-14)と述べ、転換の前後を「一次的ことば」「二次的ことば」と名づけました。岡本は、両者の特徴を以下のように示しています。

コミュニケーションの形態	一次的ことば	二次的ことば
状　　　況	具体的実場面	現実を離れた場面
成立の文脈	ことばプラス状況文脈	ことばの文脈
対　　　象	少数の親しい特定者	不特定の一般者
展　　　開	会話式の相互交渉	一方向的自己設計
媒　　　体	話しことば	話しことば、書きことば

(上掲書 p.52)

　岡本によれば「二次的ことばの獲得における子どもの苦闘は、恐らく私たちおとなの(中略)想像をこえたもの」(上掲書 p.61)です。周囲の大人たちは、乳児の「一次的ことば」の獲得には熱心ですが、いっぽう、「二次的ことば」の獲得については認識が浅く、家庭でも学校でも十分な指導が行われているとはいえません。教師は、この時期の子どもの「二次的ことば」の獲得の困難さを理解しておく必要があります。

　各教科での、分類、観察・実験の考察、根拠と主張、などの様々な学習は「二次的ことば」を必要とします。教師は、具体と抽象の概念に基

づく困難な学習であることを十分に考慮し、子どもたちが「壁」を乗り越えるための支援の工夫を講じる必要があります。

第4節　教師自身の言語能力を鍛える

篠原京子

1　子どもとの話し方・聞き方

　常に明るく、笑顔で、感じのよい話し方を心がけましょう。教師も人間であり、やる気に満ちている時ばかりではありません。体調が整わない日もあるし、私生活で嫌なことがあったり、同僚とうまくいかないことがあったりして、コンディションの悪い日も当然あります。保護者からの苦情で自信をなくすこともあるでしょう。

　しかし、その振れ幅をいかに小さくとどめるかが、プロとしての自覚です。子どもは、「友だちには優しくしなさい」といった教師の言葉について、表面的な意味ではなく、その時の教師の表情や態度をよく観察しています。その時の教師の眼差し、声、表情から真意を敏感に見極め、その本質を真似ます。どの子どもに対しても、いつも親切で安定した教師の態度が落ち着いた学級をつくります。

2　同僚・上司・保護者との話し方・聞き方

　子どもは、大人同士の会話を実によく聞いています。隣の学級担任とのちょっとした打ち合わせや、教室に来た上司（学年主任や校長など）の指示に対する返事、忘れ物を届けに来た保護者との会話など、その時々の言葉遣いや態度を真剣に見聞きしています。教師は、その場の対応に気をとられて子どもの視線に気づかない場合が多いですが、教師がつくり出す日常の言語環境は、常に子どもの手本となっていることを忘れてはいけません。

第 5 章

学級経営を楽しんでいる
教師の実例

第1節　ICTを活用した小学校での学級経営

鈴木翔大

1　はじめに

　小学校教諭として勤務する筆者にとって、在籍校は2校目です。初任校は、ICT教育を推進するモデル校であったため、1年目から生徒指導や学習活動の中で活用できる様々なICT教育を学ぶことができました。現在の在籍校では、情報主任を担当、児童の活動はもちろん、教員の業務削減なども考えながら、ICT活用の仕方を発信しています。

　2019年からGIGAスクール構想が開始され、児童生徒に1人1台端末環境がスタンダード化されました。2019年に発生した新型コロナウイルス感染症の拡大により、全国の学校が臨時休校を余儀なくされたことで、2023年までに整備予定だった1人1台端末が急速に進みました。今日の教育現場では、ICT機器の活用が急速に進められたことで、学習活動や生活指導の場面などで様々な取り組みを行っています。

　本県（茨城県）では、教員のICT活用目標として、一斉授業、個別活動による活用を経て、共同学習や話し合い活動による活用、個別最適学習のための活用（データの利活用）が掲げられています。ICT活用は、学習活動に使われる場面が多くありますが、ここでは、生徒指導や学習活動を通して、ICT活用が学級経営にどのように関わり、どのように生かすことができるのかを考えていきたいと思います。

　まず、筆者が考える学級経営の目標について述べたいと思います。それは、「児童一人ひとりが安心して楽しく学校で生活できる」こと、また、「児童同士がそれぞれの良さや個性・特性を認め合い、自信を持って学校生活を送ることができる」ことです。この目標を達成するための手立てや取り組みを、生徒指導と学習指導の両面から考えていきます。

2 ICTを活用した学級経営を生徒指導の面から考える

　生徒指導の基本の一つに、児童理解があります。そのため、どのようにして児童一人ひとりの思いや願いを理解し、生徒指導に生かしていくかが重要です。児童一人ひとりを理解するためには、日々、一人ひとりの言葉に耳を傾け、その気持ちを感じ取ろうという姿勢が重要であり、このような姿勢が児童に安心感を与え、児童が教師に何でも相談できる環境が生まれていきます。

　このような環境をつくるために、本校では、日々の細かな児童観察や児童相談、生活アンケート、保護者との密な連絡等を行い、生活や学習の悩みを見つけ、問題の早期発見・早期解決を図っています。

　しかしながら、こうした取り組みをしても問題を発見することができない、もしくは児童の変化に気づくことができず大きな問題へと発展してしまうことがしばしばあります。原因として、多くの教師は「日々、児童一人ひとりの言葉に耳を傾け、その気持ちを感じ取ろうという姿勢」を持とうとしてはいますが、可視化できない思いに気づくかどうかは、その教師の感じ取ることができる力や耳を傾ける余裕があるかによるものが大きいと感じます。少しの変化に敏感な教師もいれば、問題が大きくならないと気づくことができない教師もいることは事実です。

　しかし、これは、多くの教師が30人近くの児童がいる学級を担任していることを考えると、児童一人ひとりの思いに、多くの時間をとって寄り添っていくことは難しいことでもあると思います。

　このような状況において、筆者が担任をしている学級では、朝、登校した児童は、Google フォームのアンケート機能を使い、「今日の気もち」を「☀（晴れ）・☁（くもり）・☂（雨）」の中から選択する活動を行っています。今日も元気に悩みなく登校してきた児童は「☀」、ちょっといやなことや悩みがあるような児童は「☁」、落ち込んでいる気持ちの児童は「☂」といった具合です。この活動の良いところは、その日の児童一人ひとりの気持ちを可視化できることにあります。やってみるとい

つも晴れの児童もいれば、くもりや雨が多い児童もいます。くもりや雨が多い児童に何があったのか、今日何か気になることがあるのかなどを教師が意識的に聞くことができます。また、自分の気持ちを伝えるのが苦手な児童も、こちらから積極的にアプローチしていくことができます。

　アンケートは日々蓄積することができ、筆者は、1週間単位でどのような変化があったかを確認するようにしています。悩みが多い児童はくもりや雨が多いことが確認できるし、逆にずっと晴れだったのに今日は雨となれば、気持ちに何か変化があったことに気づくことができます。

　実際に聞いてみると、「○○さんと喧嘩して……」であったり、「今日は△△があるから少しやりたくない気持ちです」であったり、「実は家で□□があって……」のようなことを聞くことができました。

　このような変化を捉えることができた時には、声かけをし、ともに問題を解決しています。些細なことでも気にかけ、一緒に考えようとしている姿勢を児童に見せることは、悩みや問題を抱えた時に気兼ねなく教師に相談して良いんだという安心感を与えることになります。また、この気兼ねなく相談できるという雰囲気は、児童本人以外のところでも効果を発揮します。自分ではなかなかいい出せない児童であっても、周りの児童が異変を感じ教師に相談をしてくることがあり、その結果、児童が問題を抱え込むことのない安心して生活できる学級がつくられていくと考えています。

3　ICTを活用した学級経営を学習活動の面から考える

（1）Yさんの実例

　児童生徒に1人1台端末環境がスタンダード化されたことで大きく変わったのは「表現方法の拡大」だと考えています。これまでの学習では、自分の考えを表現する際に、「口語で伝える」ことが主だった表現方法から、1人1台端末の環境では、それに加えて「書く（描く）・音声をとる・写真を撮る・相手に送る・大型モニターに映し出す・問題解決の

手順をリアルタイムで見せる」など、その学習に合わせた表現方法を多く生みました。そして、複数人に同時に可視化できることが容易であるという利点があります。その結果、口語で表すことが苦手な児童であっても、自分の考えを伝えることができる場面が増えていきました。

　前任校で担任したＹさんは、いわゆる選択性緘黙症の児童でした。単学級だったこともあり、周りの児童はＹさんの特性をよく理解しており、個々人で声をかけてくれていましたが、自分のいいたいことをいうことができず、質問をしても答えが返ってこず、コミュニケーションをとることが難しい児童でした。授業においても、なかなか発言することが難しく、良い考えを持っていてもそれを伝えることができませんでした。考えや意見は、教師側で紹介することがほとんどでした。

　しかし、タブレットを使った授業では、考えを書き（描き）、それをほかの児童に見てもらうことで、Ｙさんの考えを言葉にしなくても伝えることができるようになりました。特に、理科の授業の中でほかの児童にはない考えや面白い疑問、気づきについてタブレットを通して表現していました。タブレットを使って自分の考えを伝えられるようになったことで、周りの児童がＹさんに対して「面白い考えだね！」「そんなふうに考えたんだね！」などの声を直接かける場面が増えていきました。

　このような場面が増えると、所属感や受容感を感じ、自信を持つとともに、安心して活動することができるようになります。教師が児童を認めていくことはもちろん重要ですが、友だちから認められる場面をつくることはさらに重要です。Ｙさんの周りの児童も、Ｙさんの考えや意見に触れることで、その良さを理解し、認めていくことができるようになりました。また、Ｙさんの生活アンケートでも、自分には良いところがあると自覚できるようになっていきました。

　児童それぞれがタブレットに自分の考えを書き、それをタブレット内で共有したり、大型モニターに映し出したりすることで、発言ができなくても考えを伝えることができるようになったことで、いままで表出できなかった思いを表すことができるようになりました。この変化がもた

らすこととしては、

1　一人ひとりの良さを生かすことができる方法が増えたこと
2　友だちに児童が認めてもらえる機会が増えたこと
3　認められたことで自分に自信がつき、安心して生活できるように
　　なることなどが挙げられます。

　苦手なことがある児童は、自己肯定感や自己有用感を持てないケースが多く、密に接している教師であれば、その児童の良さを見出すことができますが、それを学級の児童が認めていくことは、教師側がしかけていかない限り難しいことです。認められ、自信を持って生活していくためには、教師だけでなく、友だちからの支持も必要です。現在の1人1台端末の環境では、教師側からの多様な「しかけ」を生み出すことができるようになりました。

（2）Hさんの実例

　ICT活用の「しかけ」の例として、現任校で担任したHさんを中心に、一つの授業を挙げます。Hさんは、明るく気も利く児童でしたが、国語や算数の学習は非常に苦手であり、また、考えをうまく伝えることも苦手でした。これらのことを理由に、あまり自信を持つことができない児童でした。自分を見てほしいという気持ちから問題行動を起こすこともありました。Hさんは、体育や図工が好きで得意だったため、筆者は、実技教科を通して輝ける場をつくり、自信を持って生活できるようになってほしいと考えました。単元は体育の「跳び箱」でした。

　本単元では、跳び箱の技のポイントを児童が考えるとともに、動画を撮影し、児童同士で助言をしあって学習を進められるように授業をつくっていきました。ポイントが書かれたシートも、児童の発言やワークシートに書かれたものを使って作成しました。この授業では、前時に考えたポイントを使いながら、開脚跳びを大きな動きで行うことを目標として行いました。活動の際に、児童は遅延カメラ（自分の動きが遅れて動画に映るアプリ）を使って、自分の動きを確かめながら技の練習を行いました。また、自分の動きを動画に収めて友だち同士でポイントの確

認と相互評価ができるようにデザインしました。

　このような学習の中で、Hさんは、タブレットを使って技のポイントを全体に示したり、友だちの動画を見て技を行うためのアドバイスを伝えたりする活動を積極的にしていました。筆者も、学習の中心の一人になれるよう、活動の様子を見ながら、適宜、声かけをしていきました。

　こうした学習をほかの単元でも行ったところ、周りの児童からHさんの得意なことや良さを認められる場面が増え、本人もそれを生かしていこうと主体的に活動していました。問題行動もなくなり、生活アンケートからも以前よりも自信を持って生活できている様子が見られました。この変化は、Hさんの承認欲求（所属している集団から認められたいという欲求）が満たされたことで起きた変化であり、生活していくためのモチベーションを高められたことに起因していると思います。

　この授業は一例に過ぎません。ほかの授業においても、児童一人ひとりの個性を引き出し、教科ごとに中心となって活動していくことができる授業を計画的、意図的に「しかけ」ていくことで、子どもたちがそれぞれの良さを発揮するとともに、良さを認め合うことができていきます。学級の児童一人ひとりが友だちの良さを認め合うことで、自分に自信がつき、新しいことに挑戦していこうとする姿勢や互いを尊重し、助け合いながら生活していこうとする思いが育っていく、と考えています。

4　最後に

　このような取り組みを通して「児童一人ひとりが安心して楽しく学校で生活できる」「児童同士がそれぞれの良さや個性・特性を認め合い、自信を持って学校生活を送ることができる」学級をつくっていくことができると考えています。ICTの活用は、児童の思いや願い、自己実現に迫っていくための一つの手段であり、ICT機器を様々な場面に応じて効果的に活用をすることが大切です。

　いっぽうで、ICT活用を行う際には注意点もあります。現在、不登

校児童の増加が問題となっており、文部科学省の調査では、「令和4年度の国立、公立、私立の小・中学校の不登校児童生徒数が約29万9千件（過去最多）」とされています。背景には、新型コロナウイルスの拡大による生活様式の変化や子ども同士の関わりの希薄化などが挙げられます。

　子ども同士の関わりの希薄化という点でみると、一見、便利なICT機器ですが、画面上のものばかりに注視しすぎる授業では、児童同士の関わりが薄くなってしまうことがあります。関わりが薄くなると、所属感や受容感が失われ、孤独感や不安感が増すことに繋がっていきます。ICTを活用した授業を考えるに当たっては、児童の直接的な関わりを確保したうえで組み込んでいくことを意識して、児童が所属感や受容感を感じられる活動にしていけるように考えていく必要があります。

　筆者は、職業選択をする際に、自分がいつか死ぬことについて考えました。その時、筆者は、いつか死ぬなら社会の中で何か役立っていくものを残せる職業に就きたいと考え、教師になりました。教師という仕事は、子どもとともに生活し、様々なことをともに学ぶ仕事です。学級の友だちとの関わりの中で、子どもたちが社会で生きていくための資質・能力を培い、社会の中でそれを発揮して生きていくことができれば、筆者の取り組んできたことは、たとえ筆者が死んだとしても、今後の社会の中で役に立っていってくれるのではないかと思っています。だからこそ、筆者が子どものためにしていることは自分のためでもあり、子どもたちがよりよく成長していってくれることが、教師という仕事へのモチベーションになっています。

　このような思いから、筆者は、子ども一人ひとりの良さや特性を十分に踏まえて関わっていくことを大切にしています。いっしょくたにできない、それぞれの児童への支援の方法を考え、より良い生き方に導いていき、成長を子どもとともに感じ取っていくことができることが教師のやりがい、そして、面白さだと感じています。

　これからも、子どもとともに学び、自分自身も日々成長していく姿勢を持ち、児童一人ひとりが輝ける学級をめざしていこうと思っています。

第2節　クラスの歌を創作した学級経営

神林哲平

1　最初は苦手だった学級経営

　教師になり、学級担任になったからには、良いクラスにしたいという気持ちを誰もが持っていると思います。始業式の日には子どもたちとの出会いに心を躍らせ、こんなクラスにしたい、あんなクラスにしたい、と思いを巡らせているはずです。そして、様々な手立てを工夫しながら、より良いクラスをめざして邁進していくことと思います。

　学級経営を円滑にする手立ての一つに「学級目標づくり」があります。学級の実態を踏まえつつ、子どもたちとつくり上げていくことに意義を見出せるでしょう。

　多くの子に興味を持ってもらえるようなキャッチフレーズが生み出せた時には、もうこれで良いクラスが半分くらいはできた、と満足してしまうこともあるかもしれません。

　いっぽうで、学級目標はつくることが最終的な目的ではありません。あくまでも、より良いクラスをつくるための手立てです。そこを取り違えてしまうと、つくることが目的になり、その後の学級経営に活かされないという事態が生じてしまうでしょう。やはりつくった以上は、折に触れ、その目標に照らし合わせてクラスの現状をふり返りたいものです。

　筆者自身は、学級目標をうまく活用するのが苦手でした。日々、多忙な業務に追われて心の余裕がないのか、子どもたちを振り返る時間をなかなか持つことができずにいたのです。そして、振り返る機会があったとしても、どこか説教じみてしまうというか、目標を達成できてない自分を自覚させるという時間になってしまっていたような気がします。学級目標をうまく活用できている同僚をうらやましく思いながら、自分の学級経営の在り方を反省したものです。

2　みんなで創作した世界に一つだけのクラスの歌

　その代わりの手立てとして実践を続けてきたのが、「クラスの歌づくり」です。学生時代にギターでオリジナルソングの弾き語りをしていた経験があり、それが原体験となっています。筆者は、ピアノは弾けませんがギターを弾ける、というだけで子どもたちは喜んでくれました。子どもたちにとっては、ちょっとした物珍しさがあったのかもしれません。

　クラスの歌づくりについては、教員になって3年目、道徳の読み物資料（当時）に替え歌でクラスの歌をつくるという題材があったのがきっかけでした。子どもたちから「自分たちもクラスの曲をつくってみたい」という声が上がり、せっかくだからオリジナルソングにしてみようということになったのです。子どもたちの元気なイメージを元に曲をつくり、その曲を聴いて子どもたちが歌詞に入れたい言葉を考え、その言葉をこちらで曲にうまく当てはまるように調整しました。

　こうして、『みんな大好きニコニコ3組』ができ上がりました。子どもたちも気に入って、毎日歌い、大きな行事の一つである学習発表会でも披露できました。3学期の終業式に、子どもたちがサプライズで歌ってくれたことは、15年経ったいまでも良い思い出です。

　それ以来、新しいクラスの担任になるたびにクラスの歌をつくる機会に恵まれ、気づいてみればもう10曲以上にもなりました。歌づくりの

『みんな大好きニコニコ三組』

（3年3組もりあがっていこう！イエーイ！）

いつも元気な　なかまたち　いつも楽しい　なかまたち

いつも明るい　友だちと　36人で　がんばっていこう

みんなで　遊んで　わらいあって　ゆかいだな

じゅぎょうや　きゅう食　けじめもつけて　やる気もいっぱい

けんかをしてしまっても　え顔でなかなおり　さあ飛び立とう

いつも元気な　なかまたち　いつも楽しい　なかまたち

いつも明るい　友だちと　36人で　がんばっていこう

きっかけは様々で、こちらから投げかけることもありますが、できるだけ子どもたちからの声を大切にしています。自分たちの「つくりたい」という土壌をいかに耕していくか、これが大きなモチベーションです。気軽にギターに触れる機会をつくったり、自作のCDをプレゼントしたり、リクエスト曲を弾き語りしたりと、授業以外でも音楽が身近にあるということを実感できるように心がけています。歌づくりも、段々と子どもたちに委ねるようになり、特に中学年以降では，テーマを決めて歌詞に入れたい言葉を全員で書き、それを代表の子がまとめるというスタイルが増えました。音楽経験が豊富な子たちが多かったクラスでは、曲をつくるのも任せたことがあります。昨今では，ICTツールを使う子どももいて、随分と変わったものだと実感しています。

　学級目標を活用するのは苦手な筆者ですが、クラスの歌は毎日歌うことで、自然と自分たちのクラスの理想像を口にする機会になることが大きなメリットだと思っています。前向きな言葉か、それとも後ろ向きな言葉か、それを毎日いうかで表情も違います。「笑う門には福来る」とは良くいったもので、たくさん笑って前向きに過ごしていれば、自然と人生も楽しくなるのではないでしょうか。「身にしみてわかる」ためには、身にしみるほどたくさん歌い、その歌声を身にしみるほどたくさん聴いて初めてわかるものなのかもしれません。そういう意味で、クラスの歌をつくることは自分たちの理想とするクラスについて身にしみてわかるための有効な手立てになりうるのではないか，と考えています。

　クラスの歌というと「自分は作曲なんてできないから無理だな」と思われる方もいるかもしれません。そうした時には、子どもたちの日頃の様子に耳目を傾けてみてください。自分たちでつくった鼻歌を歌ったり、替え歌で楽しんだりしている姿が見て取れるはずです。そうした様子を出発点に、替え歌でも良いと思いますので、気軽な気持ちでチャレンジしてみてはいかがでしょうか。

　世界に一つだけのクラスの歌は、子どもたちにとっても教師にとってもかけがえのない財産になり、学級経営にも役立つこと間違いなしです。

第3節　中学校の学級担任で大事なこと
吉冨加大里

1　学級担任は魅力がある仕事

　中学校の教員になって10年以上経ちますが、「学級担任」が教員の仕事の中で何よりもやりがいのある仕事だと感じています。学級担任は、生徒との距離がいちばん近い分、苦しんだり悩んだりすることがたくさんありますが、同時に、学級担任にしか味わえない喜びもあります。「どんなに苦しいことがあっても、卒業式で魔法をかけられて学級担任を続けている」と多くの教員が話すのを耳にします。それほど、学級担任という仕事には魅力があります。

　筆者が学級担任として行ってきた仕事を思いつく限り挙げてみると、以下のようになります。

- ・生徒の観察、相談、ケアを行う
- ・生徒と話す（雑談を含む）
- ・連絡ノートの生徒の日記に対する返事を書く
- ・席替えを行う
- ・学級組織（係や委員など）をつくる
- ・学級掲示をつくる
- ・朝会・暮会を行う
- ・道徳・学活・総合の授業を行う
- ・掃除や給食準備を行う
- ・教育相談の準備をする、実施する
- ・学級通信を制作する
- ・毎朝黒板に生徒へのメッセージを書く
- ・長期休み前や年度が変わる時に、一人ひとりにメッセージを送る
- ・行事に向けた取り組みを行う、実施する

・三者懇談への準備をする、実施する

・他の教員と連携する

・保護者と連携する

・専門機関と連携する

　このように羅列してみると、学級担任の仕事は多岐に渡ります。その中で、学級担任をするに当たって、筆者が大切にしてきたことを示したいと思います。

　中学校学習指導要領（平成29年告示）解説総則編には、以下のような文言が示されています。

複雑で予測困難な時代の中でも，生徒一人一人が，社会の変化に受け身で対応するのではなく，主体的に向き合って関わり合い，自らの可能性を発揮し多様な他者と協働しながら，よりよい社会と幸福な人生を切り拓き，未来の作り手となることができるよう，教育を通してそのために必要な力を育んでいく
【中学校学習指導要領（平成29年告示）解説　総則編，p.22】

　筆者は、ここに示されていることこそが、学級担任の大きな役目だと考えます。その中で、筆者が特にキーワードとして大切にしてきたことは、「自己実現」と「幸せになること」です。それでは、実際に学級担任をする際に大切にしてきたことを、実践例を混じえながら記していくことにします。

2　5段階の欲求

　学級担任の仕事のすべてに関わってくるのが、「生徒」です。その生徒たちと関わりながら、「主体的に向き合って関わり合い、自らの可能性を発揮し多様な他者と協働しながら、よりよい社会と幸福な人生を切り拓き、未来の作り手となることができる」。

資料1　マズローの5段階欲求
（マズロー心理学入門 p.64）

生徒を育てるために大切にしてきたことについて自分に問うと、ふと、大学生の時に使った教科書に載っていた「マズローの5段階欲求」（資料1）を思い出しました。その図を改めて見てみると、学級経営の大切なことが詰まっているように感じます。

「生理的欲求」、「安全の欲求」は、学級のベースになるものです。誰かに傷つけられたり、怖い思いや嫌な思いをしたりせずに、生徒全員が学校での日々を安心・安全に生活できる環境を整えることは、まず学級担任が行う基本となる仕事です。とはいえ、1年間常に安定した学級を保つことは容易なことではありません。特に中学生は、思春期や反抗期が重なる時期で、生徒の気持ちが不安定になることも多いため、生徒同士の関係性の変化や学級全体の空気の変化に敏感になっておく必要があります。

「生理的欲求」、「安全の欲求」が満たされると、生徒は主体的にクラスメイトと関わるようになり、学級への所属意識を高めていくように思えます。そして、「所属と愛の欲求」が満たされていきます。

その次が「承認欲求」です。筆者は、学級担任をする際、この「承認」することを非常に大切にしてきました。人間は誰しも誰かに認められたいと思っています。筆者の3歳と1歳の息子たちも、できたことを一生懸命アピールして、褒められるととても満足気な顔をします。中学生にももちろん「褒められたい」「認められたい」という気持ちはありますが、思春期・反抗期真只中の生徒たちは、3歳や1歳児のようにはいきません。大して関係を築いていない大人に褒められても、それを素直に受け止められないのが思春期です。伝えたいことを生徒に素直に受けとめてもらうには、「信頼」が必要です。筆者は学級担任をする際、その子のすべてを受け止め、その子の強み・課題を共有して、「自己実

現」に向かっていく力をつけてほしいと思っています。そのためにはまず、生徒に「信頼」してもらうことから始めることが大事です。

　35人学級であれば学級担任は、35人一人ひとりと信頼関係を築く必要があります。生徒は、性格も趣味も、得意なことも苦手なことも、家庭環境も抱えている悩みや問題も異なります。35人いたら35通りの背景があるのです。学級開きの日から心を開いてくれる生徒もいれば、信頼関係を築くのに非常に時間のかかる生徒もいます。信頼関係を築くための必勝法は存在しません。教師になったばかりの頃の筆者は、生徒の悩みを聴くことが学級担任の大きな仕事で、それを通して信頼関係を築けると思っていました。もちろん、生徒の悩みを聴くことは大事なことです。しかし、急に自分の悩みを打ち明けてくる生徒の方が少なく、まずは生徒に自分のことを信頼してもらうことで、生徒が自身の内面を解放できるのだと気づきました。そのために筆者が意識的にしていたことは、三つあります。

　一つ目は、自分を解放すること。中学校の教員は、小学校の教員と比べて学級の生徒と一緒にいる時間が少ないため、朝会や暮会、学活や道徳の授業、そして給食の時間を大切にします。その時間を生徒とのコミュニケーションを図る絶好の機会だと思い、いろいろな話をします。

　例えば、長期休み中の旅行先での出来事や、自分が中学生だった時のエピソード、これまでの人生の中での失敗談などです。筆者が教員2年目だった時、初めて2年生を担任しました。進路についての授業の時だったように記憶していますが、3年生になる前の1、2年生の時期の大切さを話すに当たって、筆者が高校1、2年生の時に勉強をあまりせずに過ごしたために、3年生の受験の時にどの大学も受からずに浪人した話をしたことがあります。生徒たちは、その話をすごく気に入って、その後2回ほど、もう一度話してほしいとリクエストされました。自分たち教員が生徒のことを「この子はどんな子なのだろう」と思うように、生徒も「この先生はどんな人間なのか」と思っています。「私はこんな人間です」と自分を解放することで、教師へ親近感を覚え、信頼につな

がります。そして、生徒自身が自分を解放するきっかけになると考えています。余談ですが、生徒は先生の失敗談が大好物です。

　二つ目は、生徒の小さな変化に気づくことです。例えば、眠たそうな生徒がいたら「寝不足？何時頃寝たの？」と聞いたり、係の仕事を忘れがちな生徒が忘れずに仕事をしていたら「助かっているよ」と声をかけたりします。髪を切ってきた生徒に「髪の毛切ったんだね、似合うね！」の一言でも良いと思います。些細なことのように思えますが、その細かい一つひとつが「先生は私のことを見てくれている」「私のことを気にかけてくれる」という思いを生み、「先生のことを信頼しても良いかも」という気持ちをつくると考えています。

　筆者は英語の教師なので、授業中に "How are you?" のやりとりで、意図的に気になる生徒や、声をかけたい生徒も指名します。授業中にも生徒とつながる大きなチャンスはたくさん転がっています。それぞれの教科の特徴を生かして、生徒とつながっていくことも大切なことです。

　三つ目は、生徒の好きなことや趣味の話を一緒にすること。筆者は、この大切さに気づくのに少し時間がかかりましたが、いまでは好きなことや趣味を共有することのパワーを、とても感じています。中学生の中には、大人に対して不信感を抱いている生徒や、人と話すことが苦手な生徒がいます。このような生徒は、先述した「自分を解放すること」も「生徒の小さな変化に気づくこと」もなかなか通用しません。ただ、アニメやスポーツ、アイドルなど、好きなことや趣味の話をすると、驚くほど乗ってくることがあります。また、初めは警戒していても、何度かトライしているうちに、自分から話してくるようになります。

　反抗期真只中で野球部所属の生徒とは、良く部活の話をしました。ほかの話ではあまり反応がありませんでしたが、部活での大変なことや試合の結果などを良く話してくれました。人と話すことが苦手でもイラストを描くことが得意という生徒は、毎日黙々と描いているイラストがとても素敵で、そのことについて話したことがきっかけで、他愛もない話をするようになりました。その生徒は私に、B4サイズの可愛いキャラ

クターの絵を描いてくれたことがありました。休憩中に、筆者の隣に座ってヤモリの生態についてずっと語る生徒もいました。コミュニケーションを取ることが苦手な生徒にとって、自分の好きなことや趣味を話すことは、誰かと繋がる大きな架け橋になります。また、コミュニケーションの得手不得手に関係なく、自分が好きなことを相手に伝えられる、相手が自分の趣味に興味を持ってくれるというのは、誰でも嬉しいものでしょう。これをきっかけに、本人の内面に迫る話ができるようになったという経験が、筆者にはたくさんあります。生徒と信頼関係を築くために、これからも生徒の好きなことや趣味を聴く時間を大切にしていきたいと思います。趣味や趣向が多様化している現代に生きる生徒たちの好きなことを聴くのは、興味深く、社会勉強にもなります。

2 生徒との信頼関係がもたらすもの

　以上の三つのことを大切にしながら学級経営をしていくと、生徒との信頼関係が少しずつでも築けるようになってきます。そのうえで、生徒一人ひとりを「承認」していることを伝えていくようにします。学級における「承認」とは、生徒一人ひとりのすべてを受け止めたうえで、生徒の強みや課題を共有することによって自己理解を促し、「1年間でこのように成長したい」「このようなことができるようになりたい」「こんな自分になりたい」といった「自己実現」への動機に繋がるものだと考えています。生徒たちは、自分の弱点や嫌なことはよく理解していますが、自分の強みや良いところをあまり理解していないということが多いです。筆者は、学級担任をする時には、生徒一人ひとりの強みや良いところを様々な方法で伝えてきました。

　「①個人的に伝える」「②全体の場で伝える」「③第三者を通して伝える」といった方法を用いています。

　「①個人的に伝える」は、日常の場面や連絡ノートでのやり取りの中で、また教育相談（生徒との二者面談）や保護者を交えた三者懇談で、

その生徒の強みやいいところを伝えることです。

「②全体の場で伝える」は、朝会や暮会で話をしたり、学級通信に書いたりして伝えます。また学級担任をする時には、毎日放課後に黒板に生徒たちへのメッセージを書くようにしています。ここ最近感じていることや今日１日意識してほしいことなどを書いておいて、生徒が次の日に登校した時に読めるようにしていますが、そこにも、日々の生活で気づいた生徒たちのプラスの動きや良いところを書いています。

「③第三者を通して伝える」は、生徒同士で良いところを伝えあったり、保護者や他の教員から伝えてもらったりすることです。特に、行事の取り組みは、頑張ったことなどを生徒同士で伝え合う大きなチャンスだと考えていて、体育祭や文化祭などの行事ごとにお互いの気持ちを伝え合う活動を仕組みました。また生徒の情報を共有して、保護者や他の教員からほめてもらったり、声をかけてもらったりすることも、非常に意味のあることだと感じています。「自分の良いところを認めてもらえるのが嬉しい」×「自分のことがプラスの形で話題になっていることが嬉しい」という嬉しい気持ちが何倍にもなる生徒が多いと思います。

このように様々なアプローチで生徒のことを受け止め、その子の良さを伝えていくと、生徒たちは、「承認」されている安心から自信が生まれ、マズローの欲求５段階説の頂点である「自己実現の欲求」に自然と気持ちが向いてくるようになります。印象に残っているエピソードがあります。ある女子生徒と教育相談をした時、「授業中にもっと積極的に発言できるようになりたい」（自己実現の欲求）という気持ちを打ち明けてくれました。控え目な性格の生徒で、全体の前で発言する時にはとても緊張するが、そんな自分を変えていきたいという思いを知って、そこから二人で様々な作戦を考えて、実行しました。「まずは、絶対に自信があるという問題から発表してみよう」、「初めのうちは緊張するだろうから指名する時にはアイコンタクトするね」というところから始まった彼女とのやりとりでしたが、年度が変わる頃には、緊張することなく学級のみんなの前で発言できるようになりました。そして、嬉しいこと

に進級して新しいクラスになっても、それが続けられたのです。高校に進学してから送ってくれた彼女からの手紙には、性格が明るくなったことや、授業中わからないことがあるとすぐに手を挙げて聞けるようになったこと、小さいことを気にしなくなったことなどが書かれていました。彼女は、中学生の時に「こうなりたい自分」を自分の力で獲得し、それをさらに広げていって大きな成長を見せたのです。

3　学級経営の最終的な目標―事例を踏まえて―

　筆者の学級経営の最終的な目標は、「生徒全員が幸せになること」です。幸せになるために必要な力を中学校の3年間で育てることが、学級担任の大きな役目だと思っています。そのためには、やはり「信頼」と「承認」がキーワードだと考えています。これからも、この二つを大切にしながら学級経営をしていきたいと考えています。

　最後に、学級担任をしていくうえで、筆者の支えになっている二人を紹介することにします。

　一人目は、尊敬する先輩の存在です。筆者の初任校と2校目で一緒になったYという先生です。2校連続して同じ学校に勤務すること自体に大きな縁を感じますが、2校目の時に、Y先生の学級の副担任になりました。しかも、職員室では隣の席だったため、Y先生のすべてを感じながら1年間を過ごすことができました。いつもはとても穏やかで生徒が何でも打ち明けたくなるような大らかさを放ちながら、必要な時にはものすごい鋭さと熱さで生徒と向き合う姿を1年間、間近で見られた経験は、筆者の財産です。いまでも「Y先生だったらどうするだろうか」と考え、悩んだり、困ったりした時の筆者の指標になっています。

　二人目は、忘れられない生徒の存在です。「いままででいちばん印象に残っている生徒は」と聞かれて、すぐに思い浮かぶ生徒がいます。初任で1年生の学級担任をした時の女子生徒です。その女子生徒は、本当は優しいところがあるのに素直に表現できず、筆者とも周りの生徒とも

ぶつかることが多々ありました。初任者だった筆者は、余裕も経験もスキルもなく、彼女との関わり方も難しく、手探りな1年だったと記憶しています。心を通わすことができたのか、自信のないまま1年が終わり、その後、彼女が3年生になる時に再び担任になりました。

　よく覚えている光景があります。グラウンドに学級発表の掲示が張り出されました。筆者は、彼女がどのような反応をするのか気になって様子を観察していました。すると彼女は、筆者の姿を探して駆け寄ってきて抱きついてきたのです。筆者は、その瞬間、「1年間、いろいろあるだろうけど、この子との関係はきっと大丈夫。自信を持ってこの子の学級担任をやっていこう」と思えました。そこからの彼女との1年間は、そっぽを向かれたりぶつかったり、教室から出ていってしまったりと、山あり谷ありでしたが、筆者の自信は揺らぐことなく卒業式を迎えました。その卒業式に彼女がくれた手紙は、筆者の一生の宝物です。その彼女に先日、中学校の時のエピソードを本に書いて良いか承諾を得るために数年ぶりに連絡を取りました。1児の母（しかも我が子と同い年！）となっていた彼女の声は優しく、大人の女性になっているのだなと実感しました。彼女は電話の向こうで「私みたいな生徒を初任で担任するなんて、かわいそうだったよね」と笑いながらいいました。それに対して筆者は「大変だったけど、心はつながっていると思っていたよ」と返しました。このようなやりとりができるようになったことを、あの頃の自分に教えてあげたいと、いまさらながら思います。諦めずに生徒に向き合い続ければ、いつかは気持ちが伝わるし、いま目の前にいる生徒たちも、確実に大人になっていくことを、彼女の存在が示してくれているように感じています。

　目の前にいる生徒たちは、希望の光です。その光を灯し続けられるように、学級担任としてできることをこれからも模索し続けていきたい、また、いままで出会ったすべての生徒が現在の筆者を形づくっていることに感謝する気持ちを忘れず、日々、生徒たちと向き合っていきたいと思っています。

第４節　高校の学級経営で大切なのは

青野源太

1　はじめに

　筆者は、小学生の時に教員になる夢を持ちました。その後、一度もブレることなく、大学院を含め６年間教育について学び、茨城県の英語科教諭になりました。教員２年目に初めての担任。そこで出会った生徒たちとの幸せな日々を、懺悔を含めて振り返りたいと思います。

　筆者が高等学校の教員になろうと思った理由は、現代のように、高度に情報化された社会では、能力や価値等に基づく人間の序列化が行われており、そのことによって、生徒たちの存在論的な位相が失われているのではないかと感じていたためです。

　より具体的にいえば、生徒たちは、テストの点数や能力、あるいは所属する学校等表層的な部分にまなざしを向けられ、生徒たちに内在する固有の人間的な部分が受け止められていないのではないか、と感じていました。例えば、受験戦争の早期化であったり、良い大学を卒業し、良い企業に就職することを一つの「正義」としたりする社会の潮流は、まさにその表れだとして、筆者は捉えていました。

　こうした現下の状況の中で筆者は、教師という存在について考えてみました。生徒を一律同一の器のようなものとして捉えて、より効率的に学力や知識を注ぎ込むような存在ではなく、子どもたちを深く迎え入れ、教室という、その教師とその生徒たちとの具体的な関係性によっておりなされる唯一無二の空間の中で、子どもたちの心の底から湧き出る声や、表出同士の織りなすかけがえのないいきさつを受け止めることができるのが、教師という存在であると考えました。そして、このような教師という存在に憧れを抱いたことがきっかけでした。

　学級経営の充実については、それまで小学校のみに規定されていまし

たが、2016年の答申で中学校、高等学校を含む12年間で充実させることと規定されました。学級経営と一概にいっても、生徒理解、学習指導、生徒指導、教育相談、教室環境整備等の様々な側面があります。そのため、学級経営を充実させるためには、これらの側面を複合的に展開する必要がありますが、その中で礎になるものは「生徒理解や豊かな人間関係の構築」であるとしばしばいわれてきました。筆者も同じ思いです。高等学校の学級経営における「生徒理解や豊かな人間性の構築」のために、筆者なりに心がけていたことと、その具体的な行動等を2点述べさせていただきます。高等学校の一教員として、どのように関わり、そして楽しんできたかという観点で参考にしていただけたら幸甚です。

2　担任という存在〜どうあるべきか、どうありたいか〜

　まずクラスの概要ですが、全校生徒は150名程度。いわゆる進路多様校で、農業、森林及び福祉学科など複数の学科から構成される総合高校でした。

　筆者が担任したのは、農業や森林関係を学ぶ15名程度のクラスでした。詳細は避けますが、多くの生徒は、学習や学校あるいは家庭生活について過去に悩みを抱えていました。

　入学式の日、生徒たちに向けて初めて発した言葉は「入学してくれてありがとう」。周りから向けられてきた負（勉強ができない子、問題児など）のまなざしにも負けず、「高校に行こう」、そう思ってくれたことが嬉しかったためです。そんなところから、このクラスは始まりました。

　筆者は、担任という存在が生徒たちにとってどうあるべきか、また、生徒たちにどう思ってもらいたいかを最初に考えることが大切だと思っていました。まず筆者は「一人ひとりの存在を認めてあげる存在」であるべきと考えました。それは、筆者のクラスの場合、承認されたことや褒められた経験が少ないことにより、自分に自信が持てなかったり、他者を受け入れられなかったりする生徒が多かったためです。自分に向け

られたまなざしは自分自身にも他者に対しても向けてしまう。それが人間だと思います。だからこそ、筆者は生徒を承認、称賛し、彼らの存在を認めてあげる存在になる必要があると思いました。また、そうした経験を増やすことにより、友人に対しても承認、称賛ができるようになれば、豊かな人間関係構築のための土壌が整えられると考えたためです。

　例えば、筆者は、毎回の授業でワークシートを回収し、全員分を見て、「今日はいつもより字が綺麗だね」など、ほんの些細な賞賛を書きました。掃除や委員会等の仕事ができた時でも、「○○くん、ありがとう、助かった」と、できるだけクラスの生徒がいる時に伝えました。過去に問題があったこと、テストの点数や能力が低いことなど一切気にせず、小さなこと、当然のことを認め、それを伝えました。

　次に筆者は、「先生」と「生徒」という立場ではありながら、同一に呼ばれる「先生」という仮面を外し、「私」と「あなた」という関係で関わりたいと思っていました。なぜ「教師」としての仮面を外そうと思ったのか。それは、生徒にとって、教師という存在はどこか偉い存在として受け止められており、そのことで距離が生まれること、その距離が意味するものは、すなわち「教師」と「生徒」という関わり合いはあくまでその名称同士の無機質な関わり合いであり、「この子たちのありのままを受け止めることができず」、「生徒たちと同じ目線で」過ごすことができないと思っていたからです。そして、生徒たちにとって「私」は、先生でありながらも生徒たちのいちばんの理解者であり、いちばんの味方であると思ってほしかったのです。

　そう思ってもらうためにしてきたことは、教壇の上で話さない、先生だから許されるという特別性を排除する等たくさんありますが、最重視したことは、「聞くこと」、「否定しない」ことです。筆者は、どんな生徒の話でも必ず最後まで聞きました。彼らが話す言葉は、彼ら自身の表出です。それを受け止めることが何よりも彼らを理解することであり、仮に否定してしまったら、彼ら自身を否定することになります。もちろん、論理として成り立たず、理不尽で、一般的には理解し難いことも多

かったです。ただ彼らには彼らなりの理由や想いがあります。それを受け止めて理解し、否定せず共感することで、私が彼らにとってどういう存在であるか伝わったと思います。これらを意識したことで、「私」が生徒たちの前に現れ、ありのままの彼らが「私」の身体にスッと入ってきて、「私」と「あなた」の関係が生まれたと思っています。

3　生徒たちと過ごす時間の重要性〜長く、そして密に〜

　筆者は、生徒たちと過ごす時間を大切にしてきました。ここで筆者がいう「大切」の意味は、いかに長い時間を一緒に過ごせるか、また、人間的に密な時間を過ごせるかということです。基本的に高等学校の教員は、小学校の教員と違い、1日の初めと終わりのHRか、担当教科の授業でしか過ごす時間がありません。筆者はこれが、生徒の理解不足や関係性ができないことの要因だと捉えていました。そのため、それを改善するために、いくつかの行動を起こしました。

　まず一つ目は、朝の時間です。生徒たちは、8時35分までに登校します。教員の始業時間は8時30分。筆者は7時40分頃に出勤し、その日のタスクを確認した後、8時に教室に行きます。この時、できるだけ「教員」としての仮面を外しています。ありのままの自分で、教員としての「体裁」にこだわらず、人間的な部分で関わりました。基本的に教卓に座り仕事をしていますが、生徒の登校する様子や表情を確認します。教室のドアを開けたら、必ず「おはよう」と迎え入れます。入学して間もない頃は、筆者から他愛もないことを話しかけて関係性を築いたり、生徒同士の関わり合いを見て、生徒理解を深めたりしていました。年度の後半も静観のスタンスは基本ですが、生徒たちが話したいことがあれば、自然と寄ってきて話しかけてくるようになりました（実際、毎日誰かが寄ってきました）。いま振り返ると、この時間で得た情報や構築できた関係性は多かったなと思います。

　また、筆者は英語科教員であり、生徒たちが専門的に学ぶ「農業」、

「森林」についての知識が一切ありませんでした。生徒たちが、実習の時間で、筆者の授業がない時には、積極的に実習に参加させてもらいました（快く受け入れてくださった農林科の先生方には心から感謝しています）。田植えをしたり、木を運んだり、ふざけたり、ご飯を食べたり、同じ苦労と時間を過ごしました。

　最初は生徒たちも担任がどんな先生なのか、どんな人間なのか、距離を取っていたように思います。ただ生徒たちは、同じ話や同じ作業をし、同じ時間を過ごすことで、受け入れてくれたと感じています。

　生徒たちと過ごした時間の話とは少し逸れますが、生徒たちにかけた時間として、毎日、黒板にメッセージを書きました。生徒が帰った後、一人教室で今日の振り返りと明日の予定の確認を行い、一言二言、メッセージを書く。例えば、「今日、△△先生からこんなこといわれたよ。頑張ってるね。自分も嬉しい」や「最近、授業中うるさいらしいね。悲しい。明日は期待しているね」といった具合です。ここに書くことで朝のＳＨＲの際には必ず生徒の視界に入ります。登校後、いちばんに黒板に目をやる生徒も多かったように思います。「朝、先生がこう書いてたから頑張った」や「今日はこうだったよ」など、放課後に報告にくる生徒もいました。

4　生徒たちの変容

　時間を守れない、ずっと座っていられない、人の話を聞かずに話してしまう、簡単に人を傷つけるような発言をしてしまう、注意してもなかなか受け入れない。最初は規則も規律も統一感もないクラスでした。しかし、学年が終わる頃には、「先生が可哀想だからこれちゃんとやろう」、「先生がいま喋ってんだろ静かにしろよ」という発言が生まれるようになり、自発的にダメなことは直すようになりました。最初はけんかばかりしていた生徒同士が、仲良く話すようなり、相互承認ができるようになりました。中学校では不登校気味だった生徒も、毎日学校に来るよう

になりました。ある母親は「息子にはなかなか理解してもらえず、うまくいかなかった。それでも、いまは学校が楽しいっていっています」といった連絡をくれました。生徒たちとの時間を最大限に、そして「教師（教え）」と「生徒（教わる）」ではなく、「私」と「あなた」の関係で、愛を持って、生徒たちを自分の身体に迎え入れ、生徒たちと向かい合った結果、生徒たちは、少しずつ変わりました。子どもの姿は、教師の姿そのもの。いわば鏡なのかもしれません。

5　終わりに当たって

　信頼関係ができれば、学級崩壊どころか、生徒たちは、必ず応えてくれます。筆者の実践が多くの方に通用する正解とは思っていません。なぜなら、「同じ人で構成されるクラス」など一つも存在しないからです。ただ、先生は、生徒にとってどんな存在であり、どんな存在としていたいかを意識すること。そしてそのことから、何をするのかを考えることおよび愛することが最も重要だと思います。教師は、生徒を愛さなければ、生徒たちを受け入れようとする身体になりません。愛さなければ、教師の関心が生徒に全力で向いていきません。愛されなければ、生徒たちの身体は、教師に向かい合っていかないと考えています。

　近年、SNSや高度技術の発展によって、人間的な関わり合い、特に、愛情が失われていると思います。そんな現代の生徒たちだからこそ、愛を持って接してあげてください。そして、あなたにしかできないアクションを起こし、コミュニケーションという名の感触を楽しんでください。

　最後になりますが、生徒たちの中の固有の光を育み、再構成する。それが、教育の営みです。そして、その光は生徒たちの成長の証です。それを間近で感じられる、関われる。そんな幸せな仕事、それが「教師」だと思います。教師は確かに多忙で、体裁を気にすることも多いです。ただ、筆者の実践を通じて四角形の角が少しだけ丸みを帯びて丸に近づくように、もっと自由に教師という仕事を楽しめる一助になれば幸いです。

第6章

「総合的な学習の時間」と
学級経営

第1節　学級経営とのつながり

奥本有彩

1　はじめに

　まず、「総合的な学習の時間」について、その学びと学級経営・学校経営がどのようにつながっているかについて述べたうえで、その実現に向けた具体的な手立てを紹介します。さらに、「総合的な学習の時間」の授業実践や、「総合的な学習の時間」とつながった学級経営を経験してきた子どもたちが、大人になってどう感じているかに触れます。

　約25年前に創設された「総合的な学習の時間」は、従来までの教える教育からの大きな転換を象徴するものでした。それは、教育の目的である人格の形成に大きくつながる「生きる力」を養うための時間であり、教科では育てきれない資質・能力を育むことができる時間です。

　なぜ、「総合的な学習の時間」でそのような学びができるのか。それは、個の確立と協働的な学びを両立して取り入れやすいことが一つの要因だと考えます。そして、この二つが絡み合うことで支持的な学級文化が育まれる土壌にもなります。この点で、個の確立と協働的な学びがなされる「総合的な学習の時間」と支持的な学級経営とは、親和性が高いといえます。

2　「総合的な学習の時間」と学級経営

　「総合的な学習の時間」は、そもそも、従来のような知識をただ詰め込む教育では、太刀打ちできないほど目まぐるしく変化する社会（＝知識基盤社会）において、子どもたちが逞しく生きぬいていくことができるように創設されました。知識基盤社会においては、知識を常に更新していくことが求められているため、「何のために、なぜ学ぶのか、どう

やって学ぶのか」といった、学び方を体得しておくことが重要です。つまり、「総合的な学習の時間」では、そのような「学び方を学ぶ」ことが重要となります。そして、それは、知識基盤社会において、常に知識を更新していくための生涯学習が求められていることを踏まえると、学び方は、「一人の人間として、どう生きていくか」という生き方を学ぶことにもつながるといえるのではないでしょうか。

　学級は小さな社会であると考えると、学級経営とは、子どもたち一人ひとりがお互いの良さを認め合いながら、個人としても、また集団としても、少しずつ成長していけるように、教師がコーディネートしていくことです。それは、日々の生活や、特別活動を初めとする日々の授業においても、日常的に行われている営みです。しかし、特に教科書を用いた授業では、子どもたち一人ひとりが持つお互いの良さを認め合える授業をつくることは、なかなか難しいことでしょう。目標や内容が学校に委ねられている「総合的な学習の時間」こそ、子どもたちの良さを最大限に引き出すことができると考えます。

第2節　「総合的な学習の時間」の目標

奥本有彩

1　「総合的な時間」の目標を再確認

　ここで改めて、現行の平成29（2017）年の学習指導要領改訂で示された、「総合的な学習」の時間の目標について整理したいと思います。

　平成29年の学習指導要領の改訂では、全体の方針として、育てたい資質・能力が三つの柱として示されるという大きな改訂がなされました。そのため、「総合的な学習の時間」の「目標」においても、他教科・領域と同じく、三つの柱（①知識及び技能、②思考力・判断力・表現力等、③学びに向かう力・人間性等）で示されています。

　しかし、従来から「総合的な学習の時間」の「目標」として重要とさ

れてきた「主体性」や「探究的な学習」「協働」といったキーワードは変わっておらず、「総合的な学習の時間」で求められていることは、本質的には変わっていないといえます。

　つまり、「総合的な学習の時間」は、探究的な学習や問題解決的な学習を通して、自己を見つめ、自分で自分の生き方を考えていくことができる子どもたちを育成することが求められているのです。

第3節　個の確立と協働的な学びを柱に

奥本有彩

1　実践の具体例

　ここでは、茨城県東茨城郡大洗町立南中学校の鈴木亮太実践を事例として取り上げます。そして、その学びを経験した子どもたちが、大人になって、どのようにその経験を振り返っているかについて紹介します。同校で行われていた具体的な手立てとしては、以下の3点があります。

　(1)独自の「総合的な学習」の時間の学びを支える3つの学習活動
　　「一人調べ」「基調提案−検討方式による話し合い活動」「地域還元活動と振り返り」
　(2)「座席表・カルテ」に代表される支援・指導
　(3)学びと生活をつなぐ「思い・願いノート」「生活ノート」

　「総合的な学習の時間」での学びについて、鈴木は、問題解決学習、体験的な学習を前提にし、『知の総合化』をめざしています。そのため、問題解決学習において柱となる「調べ学習」と「話し合いによる協働学習」の学習活動を、独自に「一人調べ」「基調提案−検討方式による話し合い活動」として取り入れています。

　そして、同校では、地域である大洗町そのものを「総合的な学習の時間」の大きなテーマとしています。例えば、「大洗町の働く人」「大洗町にいまの自分でできること」などです。さらに、子どもたちが学んだこ

とや学習成果を地域に返す「地域還元活動」を取り入れています。つまり、「総合的な学習の時間」において、地域が「学びのフィールド」となるように、学習活動を設定しています。その学習を支援・指導するに当たっては、「座席表・カルテ」などを取り入れ、学級づくりの基本として「思い・願いノート」（小学校）「生活ノート」（中学校）を導入しています。

このように、子どもたちや地域の状況を踏まえ、独自に構成された理論と実践となっているので、それぞれの要素を各学校・各学級の状況に合わせて、参考にしてほしいと思います。

2　独自の学びを支える三つの活動

（1）「一人調べ」「基調提案－検討方式による話し合い活動」「地域還元活動と振り返り」

「一人調べ」とは、一言でいえば、「自己課題設定・自己解決学習」です。子どもたち一人ひとりが、それぞれ自分のテーマや課題を設定し、自分で調べを進めていき、自分で解決していくという学習です。しかし、決して孤立した学習というわけではありません。確かに「一人調べ」は、自分の課題を自分で解決していくことが基本ですが、その過程においては、先生や友だち、先輩、地域の方、保護者などから助言や支援を受けたり、協力してもらったりすることもあります。

つまり、一人ひとりの子どもがそれぞれのテーマを持ちながらも、協働的に学んでいくのです。むしろ、一人ひとりの子どもがそれぞれ自分だけのテーマを持っているからこそ、本気でかかわり合うことができ、真の意味で協働的な学習になるともいえるのではないでしょうか。

「一人調べ」には、大きく分けて以下のような三つの場面があります。

一つ目が、課題を設定する場面。同校では、「総合的な学習の時間」の70時間を、一つのテーマで学習していきます。そのため、学校や学年、学級で定めた大きなテーマから、自分は何について深めていくのか、な

ぜ、そのテーマにしようと思ったのかについて、考えを深める必要があります。例えば、学年テーマが「大洗町の働く人」だったとすれば、「大洗町で働く若い人を増やしたい」「大洗町ならではの仕事ってなんだろう」というように、個人のテーマを設定します。この段階で、なぜそのテーマにしようとしたのかについての思いを掘り下げておくことで、このテーマ設定の根底にある子どもたちの思いや願いが、今後の学習を進めていく上でのモチベーションになります。その思いや願いとは、例えば、「毎朝登校時に挨拶をしてくれる○○店の○○さんは、楽しそうに仕事をしている、なぜだろう」「最近、好きだった近所のお店が閉店してしまって悲しい、どうして閉店してしまったのか」など、子どもの感情と密接に結びついた「なぜ、どうして」を掘り起こすことで、その子だけの問題やテーマが見えてきます。

　二つ目が、実際に調べていく場面。ここでは、いつ、どこで、どんなふうに調べるのかなど、調べ方や調べる方向性を教師や友だちと共有しておきます。例えば、本で調べる、インターネットで調べる、地域を歩いて調べる、街頭インタビューを行う、などがあり、場合によっては地域、家庭の協力を得ることも必要でしょう。また、現在は、子どもたちが1人1台のタブレットを持っていることから、インターネットなども大いに活用することができます。その際には、情報モラルやリテラシー等について正しい「学び方」を体験する機会にもなります。

　三つ目が、「調べ直し」の場面。ある程度「一人調べ」の学習が進んだら「中間発表」を行います。そこで出てきた問題や疑問、自分の考えなどをもう一度見つめ直し、調べ直しを行うのです。中間発表を行うことで、自分の「一人調べ」を、みんなに検討してもらうことになり、現在の学びを客観的に評価してもらい、新たな発見が生まれ、これからの学び（調べ・まとめ・発信）を見直すきっかけとなります。そして、再び課題解決へとより意欲的に進むことができます。この中間発表を経た調べ直しをすることで、ただの調べ学習ではなく、より探究的な調べ学習となり、その後の活動につながっていきます。

（2）「基調提案－検討方式」による話し合い活動

　「基調提案－検討方式」による話し合い活動とは、簡単にいえば、一人の子どものテーマや問題について、学級全員で検討する話し合いの方法です。この話し合いの形式にすることで、子どもたちがお互いの追究を通してかかわり合い、共感や反発をし合うことで、より深みのある追究へと発展していきます。

　基本的な展開の概略については、提唱者である藤井千春が以下のように述べています。

　1　基調提案

　　第一発言者が，自分はどのようなことを「学習問題」として，それについてどのように調べ，そしてどのようなことがわかり，それについてどのように考えたかという自分の追究について発表する。そして「みんなはどう思いますか」と問いかける。

　2　論点の形成と発展

　　それぞれの子どもは，自分の追究において調べたこと考えたことと比較して，第一発言者の追究に検討を加えてゆく。そのようにして第一発言者の「基調提案」をめぐる論点を明確にし，発展させてゆく。

　3　新たな「問題」の成立

　　調べ直しや考え直しをしなければならない点や新たな「問題」が成立し，それぞれにとっての次の「学習問題」が明確になる。

　4　話し合いのまとめ

　　終了時間になったら，「基調提案」をした第一発言者の子どもが，「みんなの考えを聞いて」というように，みんなに検討を加えてもらったことで どのようなことを知り，どのように自分の「考え」が深まったかを話して，「まとめ」とする。

　この「基調提案－検討方式」の話し合いで、一人ひとりのテーマにつ

いて、概ね25分の時間をかけて検討します。そのため、学習の根底にあるそれぞれの思いや願いを知り、お互いの意見交換をしていくことができ、学習者を尊重しながらさらなる追究へと繋げていけます。この「基調提案−検討方式」による話し合い活動は、個人テーマを設定する際や中間発表において、取り入れることで、その効果を最も発揮します。

　発表者は、自分のテーマについて、自分の思いや追究の現状、課題点などを学級の全員に共有し、検討をしてもらうことになります。この点で、「一人調べ」という個々の学習活動であっても子どもたちに「共に学んでいる」という実感を持たせられます。また、聞く側も、発表者の追究を学べるとともに、自分の追究と比較することを通して、自分の追究も深めていくことができます。この「基調提案−検討方式」による話し合いにより、学級の一体感が生まれ、さらに、子どもたち同士の相互理解が深まり、支持的な学級づくりへとつながります。

（3）地域還元活動

　「地域還元活動」とは、鈴木が「総合的な学習の時間」ならではのまとめ、発信の活動となるよう独自に考案した活動です。子どもたちは、「一人調べ」や「基調提案−検討方式」による話し合いを通して、自分なりに学習を深め、自分なりの考えをまとめています。その学習の過程でお世話になった地域の人・もの・ことに対して、いまの自分で何か還元できることはないか、を考え、実行することが、「地域還元活動」です。

　「地域還元活動」においては、次のようなことがポイントです。

1　地域の実態（自然・産業・施設・史跡，人々の願い等）を的確に把握する。

2　社会の一員としての自覚が高まる学習内容にする。

3　未来につながる出会いの場にする。

4　地域貢献を課題発見の場として捉え，探究のサイクルで単元計画を立てる。

　これは、まさに「総合的な学習の時間」ならではの活動の一例です。現行の学習指導要領では、主体的・対話的で深い学びが求められており、

各教科・領域でも探究的に深めていく学びの在り方が求められています。しかし、各教科では、「内容」が定められていることから、ダイナミックな探究的な活動を取り入れることは難しい側面があります。地域還元活動は、それぞれの学校や教師が、子どもとともに学習活動をつくっていくことができる「総合的な学習の時間」ならではの活動です。

3　座席表・カルテ

　座席表・カルテとは、静岡市立安東小学校で「個」を捉える手立てとして取り入れられていた「カルテ」の一つで、白紙の座席表を用いて書き込むカルテのことです。これは、「総合的な学習の時間」において、子ども一人ひとりを捉える方法の一つであり、鈴木は、それぞれの座席表を上段と下段に分け、上段には、「本時までの子どもの様子」下段には「本時で育てたい力、望むこと」を記入し、活用しています。

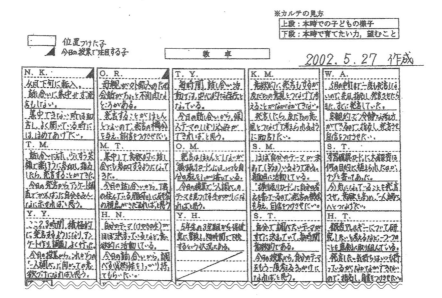

H14年度　6学年1組　総合学習『「銀杏坂」の大銀杏から』「座席表・カルテ」（支援表）

　例えば、Ａさんを本時で「位置づけた子」にする場合は、Ａさんのカルテの上段には、「社会事象に興味があり、知識も豊富なため、客観的な考え方ができる」という「本時までの子どもの様子」を書き、カルテの下段には、「今日の話し合いから、アンケートをやることの大切さに気づいてくれたら、と思う」という、教師が本時でＡさんに望むことを書きます。

　この座席表カルテによってそれぞれの学習の方向性や進捗、それに付随する子どもの様子やモチベーション、態度などが見えてきます。このような座席表カルテを活用することで、それぞれの「一人調べ」を関連づけ、良い影響を与え合うような展開を意図的につくり出すことができます。

4　「思い・願いノート」の活用

　「総合的な学習の時間」の学びと子どもたちの生活（学校・家庭・地域）をつなげる手立ての一つとして、「思い・願いノート」があります。これはいわば、教師と子どもたちとの交換ノートです。

　Ａ５サイズのノートに、子どもたちは、毎日生活の中で感じたこと、思ったこと、考えたこと、自分の思いなどを自由に書き綴り、週に何回か教師に提出し、教師が朱でコメントを入れて返却します。そして、この「思い・願いノート」の内容を朝の会にて、輪番で発表します。

　この活動を通して、発表者は、みんなの前で自分のこと（内面）を素直に話すことができた満足感や、自分の思いをみんなに真剣に聞いてもらい、自分自身を受け止めてもらった学級への所属感を味わうことができます。そして、話を聞いていた子どもたちも、改めて友だちのよさ（感じ方、好奇心など）を知ることができます。子どもたちが、お互いの考えや思いを尊重することを日常的に行っていることも、「総合的な学習の時間」での協働的な活動を支える土壌、支持的な学級経営の土壌になっています。さらに、教師にとっても、子どもの内面を知ることが

できる重要な資料となり、「総合的な学習の時間」での支援・指導に生かされるだけでなく、普段の学習面・生活面での支援・指導などの、学級経営においても活用することができます。

5　子どもたちの未来を見据えて

　このような「総合的な学習の時間」を経験した子どもたち、支持的な学級文化で育った子どもたちは、どのような大人になるのでしょうか。教育では、しばしば、「教育の効果」をどのように示すか、が大きな問題の一つとして挙げられますが、それをどのように捉えるか、についてはまだまだ多くの課題があります。

　しかし、上述したような「総合的な学習の時間」での学びや支持的な学級文化がもたらす効果や影響は、すぐに現れるものではない、と考えます。そこで、今回は、このような経験をした卒業生（20代、30代）に、当時の学びがいまの自分にどうつながっていると感じているか、インタビューをしてみました。

Q　「総合的な学習の時間」に学んだことで、今の人生や仕事に生かされていると思うことを教えてください。

○Ｉさん（当時のテーマ：消防士）

A：みんなで意見を出し合って良いものをつくっていこうとするのは、自分一人でやっている時よりも良いものができる可能性も高いですね。頭ごなしに人の意見を否定してしまう人って、世の中にはいると思うんです。でも、あの時の授業は、みんなでこう出し合った時に、すごいいろんなアイディアが出ても、誰も否定しないんですよね。

　「自分はこう思いました」「こういうのは良いんじゃないかな」っていうのを出し合って、人の意見に対して否定をしないからこそ、また新たな発見だったり、アイディアが生まれたりするということは、当時も感じていました。

　そして、いま、職場で働いていても、自分の意見と違う意見があっ

ても、まずは話を聞いてみることは大事にしています。

○ Y．Ｔさん（当時のテーマ：父の職業でもある神職）

A：生かされていること…。ありますね、やっぱり、自主性かな。

　相手がいる職業になりますので、自分から何か発信する時とか、相手はどういうふうに思っているかなというように、相手の気持ちを汲むようにしています。

　そして、こちらから、特に、ご祈祷とかになりますけれども、「私は、こういう思いで来てます」というのを相手から汲み取る際、こっちから自主的に考えてちょっと話かけるとか、何をいいたいかを引き出すとかっていう面では生かされています。それが自主性につながるかっていうとちょっとわかりにくいかもしれませんけども。

　自主性以外だと…、自分から何かしたりするとか、あとは考えることですかね、特に。これも自主性の一つかもしれませんが、自分がこういうことをしたいと思うことを、じゃあ、それに当たってはどうしたらいいんだろうって、考える。

　あの授業では、その考え方の基礎を教えていただいたなというふうに思っております。

　お二人の話から、教育のやりがいはここにもあるなと感じます。「総合的な学習の時間」や学級経営は、例えその効果がすぐに出なくても、必ずしも名前の決まった能力やスキルが身につかなくても、その子の人生に何か役に立つもの、助けてくれるものになる可能性を秘めています。

　筆者も、子どもたちに芽生え始めたその成長を、それぞれの子どもたちの人生を豊かにしてくれるような生き方に導いていける教師になることをめざし、これからも精進していきたいと思います。

第4節　「総合的な学習の時間」を振り返って

木村光悦

1　第一印象で苦手だった先生が…

「自分に厳しく、人に優しく」。小学校の卒業文集の見出しであり、私の人生訓です。

R先生にお会いし、ご指導いただく前までの自分はまさに正反対の人間で、甘ったれた人間でした。朝、眠ければ昼前まで寝てから登校していました。起きてからも「めんどくさいな」と思ったら、学校を休む5年間を過ごしていました。ただ、そのわりには同級生に比べて少し勉強や運動ができたために、「学校に来ていない自分ですらこれぐらいできるのに、来ているのになぜできないのか」と鼻を高くし、口をとがらせ、自分のことは大きく棚に上げて意見を撒き散らしていた、いわゆる「自己中心的な人間」でした。

そうした私が、R先生に対して抱いた第一印象は「この先生、いままでの先生の中でいちばん苦手な先生だな」だったのです。

一方、「あなたの恩師は誰ですか？」と聞かれれば、迷わず「小学6年生の時の担任だったR先生です」と答えます。小学校卒業時でも同様に答えたであろうと思います。1年間という短い間であったにも関わらず、なぜ、それほどまでに変化し、卒業して15年近くたったいまでも恩師として崇めるまでになったのか考えてみました。

R先生は、小学6年生に進級した時にご異動で来られ、私の担任となりました。前述している通り、R先生に対する印象は最悪でした。なぜならば、意気揚々と自由に学校に通っていた私に対して、まだ出会って間もない時でさえ、先生の発言は常に核心をついたものであり、その発言に対して反論する力を持ち合わせていなかったからだ、と考えます。私は、鼻をへし折られ、何もいえない自分が悔しかったのです。しかし、

全員に対してそうした態度を取られていたわけではなく、あえて私にだけそうした関わり方をされていたのではないでしょうか。

　当時の私は、自分の無力さに打ちひしがれていました。「学校はつまらないし、誰も自分のいうことは聞いてくれない。先生はいつも厳しいし、何も楽しくない」と感じつつ小学6年生をスタートしていた中で、「あなたは、いまの自分をどう思っている？いまのままの自分で良いと思っているの？」と、出会った1週間ほどでいわれたことを昨日のことのように覚えています。その一言と、それからのR先生との関わりで、私は大きく変化していきました。

　R先生は、学級という組織全体を俯瞰的に把握し、「先生」と「児童」という関係性を理解した上で指導するという一面を持つ一方で、児童を「被指導者」として扱うのではなく、「一個人」として対等な立場で向き合う一面も併せ持っていました。一つずつの言動に目や耳を凝らし、その個人にとってどのような接し方をすれば成長するのか、どうしたら自分の意思を持って行動することができるようになるのか、を考えていた気がします。

　常日頃における学校生活の様々な場面で、いろいろな形で関わることにより、子ども自身が第三者目線で自己を認識し、ありたい自分とのギャップを自身で発見し、自身の力で改善に努めようとしたのだ、と考えます。それまでの担任の先生を、決して否定、批判をするわけではありませんが、「初めて先生に一人の人として認められた」という強い実感を持てたのがR先生であり、そう感じたクラスメイトは、私だけではないと思います。

　私自身の変化もさることながら、学級全体が変化していったのも良く覚えています。学級の誰かが「何々をしたい」と発言したとしても、否定的な意見を持つクラスメイトは誰一人おらず、むしろ「何かできることはないか」と、手を差し伸べるクラスメイトが大半でした。

　なぜそうした学級に変化していったのか。それは「総合的な学習の時間」を通した先生と児童、児童同士の関わり方に大きな要因の一つが

あったと感じています。

　当時の「総合的な学習の時間」は、研究課題を与えられるのではなく、自分の意思で突き詰めたい研究課題を設定し、自分の力で最後までやり遂げる、実践の場として存在していました。

　R先生は、課題設定から研究方法、発表までの全場面において、すべての児童に寄り添って指導されていた一方で、児童が相談する際には必ず「あなたはどう思っている」と児童個人一人ひとりの意思や意見を聞かれていました。初めは何も考えておらず回答に困ったり、正しく伝えることができなかったりとむず痒さを感じる児童は少なくなかったようですが、回数を重ねるに連れて改善されていき、自分の意思で研究をしているという自立心が芽生えていました。

　また、いざ研究や発表資料作成に取りかかろうとする際に、何を調べたら良いのか、どのようにまとめたらいいのかわからない、といった様々な壁にぶつかる児童が多い中、その旨を先生に相談すると、「○○さんに相談してみて」と児童同士での会話の場を先生は設定していました。そうすることにより、相談を受けた児童は、どういった意思を持ってその研究課題を設定し、なぜ、その方法で調べているのかを想いを込めて話す機会を得ることができました。また、相談した児童が普段何を考えているのかについても、「総合的な学習の時間」を通して見聞きすることができました。

　自立心が芽生え始め、自分の課題の研究を進めようとしている中で「自分一人では何もできない」という無力感を感じる一方で、児童同士がお互いにどのような意思を持って研究課題を設定し、研究を進めているのかを意見交換することにより、各個人の意思を肌で感じ、さらなる自立心が芽生えたのではないでしょうか。そうした児童が学級に多く存在することにより、相乗効果が生まれ、前述したような学級が出来上がったのではないはないかと思います。

　こうした学級で１年間学校生活を過ごし、私は小学校を卒業しました。それ以降の学生生活や社会人生活を過ごす中で、何度も壁にぶつかり、

挫折も経験してきました。様々な場面で自分の思うようにいかないことに出くわして、苛立ちや悔しさ感じてきました。また、今後の人生においても幾度となく経験するであろうと思います。その度に思い出すのは、「あなたはいまの自分をどう思っている。いまのままの自分で良いと思っているの」という言葉であり、「自分に優しく、人に厳しい人に誰も周りの人はついて来てくれません。自分に厳しく、人に優しく。そうすれば自ずと周りの人はついて来てくれます」という、R先生から頂いた言葉であろうと思っています。

　「優しさ」とは、側に寄り添うことや、気遣った言葉をかけること、ましてや意を決して強く指導することもその一つであり、様々な形で表すことができると思います。そうした人間になりたいと強く願う中で、「自分に厳しく、人に優しく」という言葉を、最も体現されていたのはR先生だったのではないだろうか、といまさらながら思います。

　また、R先生にお会いできることを楽しみにして、最後の言葉とさせていただきます。

第7章

カウンセリングと学級経営

第1節　こんな「教師の構え」を期待して

金澤浩一郎

1　はじめに

　筆者は、当初は主に公立高等学校の教諭として15年間教職に籍を置きました。その後、カウンセラーに転じ、20年以上が経ちます。

　臨床心理士や公認心理師として、最近はスクールカウンセリングを中心に、精神科心療内科の病院や民間のカウンセリングルームでも臨床の仕事に従事しています。大人から子どもまで、カウンセリングやプレイセラピー（遊戯療法）を行っています。

　スクールカウンセラー（以降、SC）としては、小学校、中学校、高等学校での勤務経験があり、教師との「相互コンサルテーション」も頻繁に行ってきました。どの職域においても、生育歴や問題歴などの聞き取りや心理検査を行うこともあります。これらは、アセスメント（見立て、児童生徒理解）を行う際に重要なものであり、ある程度の客観性を踏まえた資料となります。

　教員時代、筆者は、主に担任として生徒と関わってきました。低学力や荒れているような学校で勤務することも多く、学級経営や生徒指導で悩まされることも度々ありました。

　当時の教師としての自分に対して、いまのSCとしての自分から、何か役に立つことはいえないかという思いもあります。そして、当時の筆者のように、学級経営や生徒指導で苦労されている全国の教師の方々や、これから教師をめざす方々にとって、少しでもお役に立つことができるならば幸いと思っています。

2 児童生徒理解（見立て、アセスメント）

（1）不登校児への理解

　筆者が、中学校のSCとして勤務している時、遅れて登校してきた不登校傾向の生徒に対して、学校の先生が頭ごなしに注意する場面に遭遇したことがあります。一般に、遅れて登校してきた児童生徒に対して、先生方が見逃さずに注意することは自然な行為といえるでしょう。学校においては、日常的によく見かける光景です。学校に適応している、心の健康度の高い子どもに対しての行為であるならば、必要な指導となるのかもしれません。

　しかし、不登校傾向の子どもに対してとなるとどうでしょうか。その行為は、子どもに対して適切な、教育的に意味のあるものだったのでしょうか。子どもに、どのような影響を与えることになったのでしょうか。筆者としては、様々な思いが湧いてきます。そこに児童生徒理解は存在しているのでしょうか。

　次に、ほかの不登校の子どものケースを挙げてみます。筆者は、学校の先生から、「学校へ来ちゃえば、普通なんだけど」といわれたことがあります。SCとして、学校で仕事をしているとよく耳にする言葉です。この後に、「明るくて、元気なんだけどな」などと続くこともあります。

　そして、学校へ来れば、「普通」「明るくて、元気」と見えるために、学校の先生の中には、できるだけ長く、子どもを学校に居させようとする方もいます。できるだけ、子どもを頑張らせようとする先生もいます。先生の立場としては、このような感覚を持つことは自然なことだし、筆者としても理解できます。むしろ、さぼりや怠けとの区別がつきにくく、わかりにくいというのが、不登校という現象の特徴でもあるでしょう。

　しかし、こういう子どもの中には、元々、コミュニケーションが苦手な子や、自分の思いを相手に伝えることが苦手な子どもも多くいます。自分の思い自体がわからない子どももいます。友だちや先生のちょっとした批判的な言葉に対して、ネガティブに、敏感に反応する子どももい

ます。そして、長く学校に居続けたということも含まれるのかもしれません。が、様々な要因が複雑に重なり合ったことにより、心のエネルギーを使い果たし、その後、本格的な不登校となる場合もあります。

　ここで、心に留めておきたいことは、学校の先生の対応だけによって、本格的な不登校になったということではないということです。心の中のことは奥深いので、大人がどんなに慎重に関わったとしても不登校になることは起こり得ます。心理学的にいえば、荒い言い方ですが、過剰適応により抑うつ的となったと表現できるかもしれません。頭では学校へ行こうとしても、体が反応して動けない状態です。不登校のケースは、一人ひとり違います。要因を何か一つに決めつけずに、いろいろと考えていただきたいと、筆者は思っています。不登校の子どもは、不登校にならざるを得ない、必然的な理由を複数合わせ持っているといえます。

　よって、子どもが学校へ来ても来なくても、先生方には一喜一憂しないでいただきたいと思いますが、なかなか理解しづらいところかもしれません。つかず離れず、子どもに関わり続けてもらいたいところです。性急な対応にならずに、粘り強く、心のエネルギーを注ぎ続けていただきたいと思います。そして、少しずつ、子どもとの関係性を築いていっていただきたいと思います。

　「児童生徒理解」という視点でみると、様々な可能性が見えてきます。子どもにとっては、やっとの思いで登校していたかもしれません。学校を地獄のような場所として感じていたかもしれません。そういう思いはありながらも、親や教師に声に出していえなかったのかもしれません。少しだけ言葉にしましたが、掬い取ってもらえなかったのかもしれません。微熱、頭痛、腹痛、低血圧、なかなか起きられないなどの起立性調節障がいといった心身症的な症状が出ていたかもしれません。

　あるいは、生々しい感情を切り離して、感じないようにして、何とか生き延びてくるような子どももいます。自我には受け入れがたい、苦痛に満ちた、ネガティブな情緒を無意識的に切り離して自分を守ってきたのでしょう。不安が強かったり、虐待的な体験を有したりしている子ど

もに多くいます。臨床心理学や精神医学でいうところの「解離[1]」という「防衛機制[2]」の一種です。重くなり、症状化すると、解離性障がいとなったりします。軽いものであれば、多くの人が日常的に使っています。重いものから軽いものまで連続的なものです。

　教師も SC も、不安に向き合うことを避けるために、軽度の解離を使うことはあります。感じたり、考えたりすることを無意識的に避け、心の安定を保とうとします。しかし、強い不安を抱えた人の場合、解離という防衛機制も過剰に働くことになりやすくなります。そして、柔軟なものにはなりにくく、日常生活にも支障が出やすくもなります。表面的には、「普通、明るく、元気」などに見えやすい子どもの場合に多くあります。笑っていたりすることもあります。大人からすると、危機的な状況であるはずなのに、不自然に笑顔を見せたりするので、違和感を抱くこともあります。時には、大人がこの違和感という葛藤を抱え続けることに耐え切れず、「こんな時に笑って」などといって、さらに子どもを批判し、こじらせてしまうこともあります。

　だから、不登校の子どもとのカウンセリングが進んでいき、内面の変容が見られてくると、子どもの様子にも変化が訪れます。例えば、いままでしょんぼりするような様子を見せなかった子が、しょんぼりするようになったりします。あまり主張しなかったような子が、はっきりものをいうようになったりします。にこにこしていた子が、真剣な表情をするようになったりします。全体的に、生き生きとして子どもらしくなってきたりします。そこには紆余曲折があり、螺旋状に成長していく場合が多くあります。さらに、成長し続けていくと、不登校が改善されることも起こり得ます。解離がほどけてきて、心の内側とつながるようになってくると、このような変化が自然に起こってきます。そして、意識

1　解離とは、強い情動体験や外傷的な記憶によって、意識や人格の統合的な機能が障がいされたり、交代する現象をいう。解離機制を一つの防衛機制としてとらえ、解離症状を日常生活で一般に見られるものから、いわゆる精神病理現象として扱われるものまで連続的なものと考えることができる。
2　防衛機制とは、自我を脅かす不安や葛藤に対処し、現実に適応するために働く抑圧をはじめとした機制であり、自我の代表的な機能である。

的な努力というよりも、体が自然に動けるようになってきます。

　解離と見立てることは容易ではなく、臨床心理学や精神医学の高い専門性が必要になることがあります。解離以外にも、様々な要因があって、「普通、明るく、元気」などに見えやすくなることもあります。例えば、周囲の子どもたちの目を敏感に気にして、弱い自分を悟られないようにして、「普通、明るく、元気」に見せようとしているかもしれません。あるいは、弱く情けなく思える自分を、自分自身でも受け入れられないでいるのかもしれません。思春期的な心性も影響しているのかもしれませんし、ほかにも要因はあるのかもしれません。

　不安が強く、重く難しいものを背負っている子どもほど、「普通、明るく、元気」に見えやすい場合もあるということを、ぜひ、学校の先生方には知っておいていただきたいと筆者は思っています。例えていえば、針が振り切れてしまっていて、もう針が振れなくなっている状態ともいえるかもしれません。この辺りの児童生徒理解は、とても難しいところですが、重要視すべきところでもあります。

（2）学習障がい（LD）の児童生徒への理解

　次に、勉強にあまり真面目に取り組まない生徒のことで、学校の先生から筆者は、LDではなく勉強しないだけという内容のことをいわれたことがあります。その時、筆者は、どうしてLDではないといえるのだろうかと、内心、思っていました。その先生は、LDではないという根拠を求められたら困るのではないでしょうか。

　しかし、筆者としても、この先生の気持ちもわからないわけではありません。LDではないという根拠を自力で考え続けるということは、とても心のエネルギーのいる作業かと思います。そして、臨床心理学をはじめとして、多くのことを学ぶ必要も出てくるかもしれません。

　その生徒は、学校には登校していても通常学級には入れないという不登校傾向があり、筆者はその生徒とカウンセリングをしていました。そして、生徒は医療機関を受診しておらず、診断もついていませんでしたが、発達障がいの傾向があると筆者は見立てていました。もちろん、発

達障がいの見立ては簡単ではないことが多く、慎重である必要があります。そして見立て自体も固定されたものではなく、カウンセリングなどでクライエント（来談者）との関りが進んでいけば、見立ても修正されていくことは珍しくありません。臨床心理学の考えを取り入れたとしても、アセスメント自体は絶対的なものではなく、限界があるものです。しかし、カウンセラーは訓練を受けている分、自分の恣意的な考えを修正していきやすい立場にはあるといえます。

　筆者は、発達障がいを病気や異常とみなしているわけではなく、「偏った個性」くらいに理解しています。先生方の間でも発達障がいについての研修の機会は増えてきているので、先生方が不用意に「LDじゃない」と捉えたり、「怠け」とか「回避」と理解したりするよりも、「偏った個性」として理解することも可能ではないでしょうか。

　この事例の場合、発達障がい（LDも含む）という大きな枠組みから理解すれば、子どもへの対応はもっと適切なものになり得た可能性があります。教師と生徒の双方にとって、不必要な不安や摩擦は減っていたかもしれません。教師としても対応の糸口は見えてきやすかったでしょうし、子どもにとっても、学校が「心の居場所」としての機能を持つようになり、適応に向かいやすかったかもしれません。この事例の生徒は、文部科学省のいうところの、「通常学級に在籍する特別な教育的支援を必要とする児童生徒」に該当していたと推察されます。

　このように、学校の先生方の中には、根拠なく、先入観で判断する傾向のある方もおられるのではないでしょうか。表面的に見がちになってしまったり、一方的に決めつけたりするような理解となりがちなのは、先生方に限らず、誰にでも起こり得ることなのではないでしょうか。筆者自身も、決して他人事とは思えません。もちろん、子どもの心の状態を的確に繊細に感じ取り、対応のできるセンスを持った先生がいるのも確かなことでしょう。

（3）自傷行為をしている児童生徒への理解

　もう一つ例を挙げておきます。思春期の女子の中には、リストカット

をしている子どもは多くいます。死にたいと思っている子どももいます。リアリティがあるかどうかは別にしても、「死にたい」「消えたい」などと、実際に言葉にする場合もあります。

　それに対して、学校の先生方の中には、「思春期の女の子はリストカットをしている子が多い。『死にたい』という子も多い」などといって、自分と関わるケースでは重大事案は起こらないと、一般化して、先入観で考えがちになってしまうところはないでしょうか。考え続けることは、エネルギーを使うので、無自覚に考えないようにしているかもしれません。そして、先生方だけではなく、SC の一部にもいえることかと思われます。

　しかし、これらの子どもの中に、過去に虐待を受けていたりする場合があります。虐待とまではいかなくとも、虐待的なことをされてきた場合もあります。そして、虐待的な状況から身を守るために、解離という防衛手段を発動させやすくなります。

　例えば、リストカットなどの自傷は、解離の代表的なものといえます。さらに、思春期の女性の中には、リストカットという深刻な自傷行為を、「リスカ」というファッショナブルで軽いいい方にすり替えて使っている人もおり、これも解離の典型的な例です。

　無意識レベルで、生々しいつらさを切り離して生きてきたので、周囲からは「普通、明るい、元気」に見えてしまいがちです。不登校に限らず、虐待においても、外側からは「普通、明るい、元気」に見えやすいところがあります。むしろ、虐待的な体験を有する子どもの方が、解離的な問題を持つことが多いものです。それだけ、受け入れがたく、過酷な生い立ちを背負って生きてこざるを得なかったといえます。これらより、外側ではなく、内側を見るように心掛けていく必要があります。

　背景にあるものとして、虐待的なものという視点以外に、人格障がいという視点もあります。心理的なファンタジー（思い込み）が強く、対人関係が不確かで、情緒不安定です。自分の問題を抱える力が弱く、思春期以降に症状化しやすいところがあります。他にも、発達障がい、知

的障がい（境界知能も含む）、統合失調症といった可能性を吟味することが役立つこともあります。自傷や自殺の仄めかしなどの行為をする子どもの中に、このように重く難しいものを抱えている場合があります。

これらが複雑に重なり合っている中で、引き金となるような事が起こると、飛び降りをして大けがをしたり、自殺につながるような重大事案が発生したりしてしまうことがあります。緊急性や重大性があるかどうかの見立て（リスクアセスメント）には、高い専門性が必要となることが多く、SC にとっても容易ではありません。

「一人ひとり違う」「個に応じて」という視点を持って、子どもをきめ細かく見ていかなければなりません。自傷、自殺の仄めかし、虐待的な行為の可能性など小さなサインを見逃さないようにしなければなりません。日常とは違った様子をスルーしないで、敏感に感じ取っていく必要があります。

第2節　父性と母性

金澤浩一郎

1　それぞれの機能

教師と SC の役割は全く異なります。主に、教師は学級という集団にアプローチします。集団のダイナミクスを読み取り、集団の中で一人の子ども（個）を生かそうとします。あるいは個を生かすことにより、集団の凝集性を高めようとします。しかし、SC は基本的には集団ではなく、一人のクライエント（個）にアプローチしていきます。

ここで、筆者は、学級集団と、それを構成する子ども一人ずつ（個）に対して、父性と母性に照らして考えてみたいと思います。河合は人間の生き方を支える原理という抽象化したいい方で、次のように述べています。

母性原理は「包含する」機能によって示される。それはすべての

ものを良きにつけ悪しきにつけ包み込んでしまい、そこではすべてのものが絶対的な平等性をもつ。「わが子であるかぎり」すべて平等に可愛いのであり、それは子供の個性や能力とは関係のないことである。しかしながら、母親は子供が勝手に母の膝下を離れることを許さない。それは子供の危険を守るためでもあるし、母─子一体という根本原理の破壊を許さぬためといってもよい。（中略）母性原理はその肯定的な面においては、生み育てるものであり、否定的には、呑みこみ、しがみつきして、死に至らしめる面をもっている。（中略）父性原理は「切断する」機能にその特性を示す。それはすべてのものを切断し分割する。主体と客体、善と悪、上と下などに分類し、母性がすべての子供を平等に扱うのに対して、子供をその能力や個性に応じて類別する。（中略）父性原理は、このようにして強いものをつくりあげてゆく建設的な面と、また逆に切断の力が強すぎて破壊に到る面と、両面をそなえている。

（河合隼雄『母性社会日本の病理』中央公論社より）

　筆者なりのいい方をすれば、父性とは、ごちゃごちゃしたものを切り分け、整理したり、優先順位をつけたりするような心のエネルギーのことと考えます。線を引くような力ともいえるでしょう。具体的には、ルールを教え込んだり、指導したりすることも欠かせないことです。教師が子どもに「ダメなものはダメ」「譲れないものは譲れない」などという思いで、しっかりと立ちはだかることも必要なことです。教師の「本気さ」が問われるところであり、子どもが教師の気迫を感じるような瞬間でもあり、大いに意味のあることです。

　しかし、子どもの状態に合わない父性であれば、子どもを不必要に傷つけてしまったり、破壊的に作用してしまったりすることもあるので注意を要します。そして、父性と母性の機能は、実際の性別に関係なく存在しています。女性であっても父性の強い人もいれば、男性であっても母性の強い人もいます。

　一般に、カウンセリングは「受容、共感、傾聴」などが強調されやす

く、母性的なものと見られがちではないでしょうか。したがって、カウ
ンセリング・マインドを表面的に理解して、学級経営を行おうとすると、
子どもに対する教師の対応が甘くなり、学級にルールや規律が欠如しがち
ちになってしまうでしょう。子どもたちが勝手な言動を取りやすくなり、
教師の指示が伝わりにくくなります。教師の声が空しく響き、教師は徒
労感を蓄積しやすくなります。

　意外に思われるかもしれませんが、スクールカウンセリングも含めて、
カウンセリングにも制限（枠、壁）はあります。代表的なものとしては、
次のようなものがあります。基本的には、面接時間の始まりと終わりは
決まっています。入室時間前に入室はできませんし、終了したらすぐに
退室しなければなりません。危険な行為はしてはいけません。プレイセ
ラピーで使う遊具を壊してはいけないし、持ち帰ってはいけないことに
なっています。守秘義務の枠もあります。

　不安が強く、危うさを有するクライエントほど、枠を揺るがしてくる
ことがあります。そして、カウンセラーとしての訓練を積むほど、枠を
大切に考える傾向があると思われます。枠をしっかりと守るということ
は、「ここまで」という線を引く行為であり、父性の働きといえます。

　このように、母性が機能するためには、それを支える父性との有機的
な連関が不可欠となります。カウンセリングルームの中でカウンセリン
グという繊細で濃密な心の営みが行われるためには、それを守り、支え
るために、枠がしっかりとしたものになっていなければならず、父性の
働きといえます。

　これは教育においても同様です。特に、学級という集団の中で、子ど
もたち一人ひとりが生き生きと活動し、豊かな時間を過ごすためには、
規律やルールという枠がしっかりとしたものになっていなければならな
いでしょう。

　そして、父性が機能するためにも、前提として、母性が必要になって
くると思われます。筆者としては、母性とは相手のことをきめ細かく受
け止め、寄り添い、理解しようとする心のエネルギーのように思ってい

ます。ケアをしたり、面倒みよく、あたたかく関わったりするということも含まれてくるでしょう。子どもが安心感を抱き、癒されるような関わりといっても良いかと思われます。

　しかし、子どもの実情に合わずに母性を供給すると、子どもの成長にとっては、マイナスに作用してしまうこともあります。子どもの力を奪い、自立を阻んでしまうこともあり得ます。子どもの成長に役立つように、父性や母性を発揮することは簡単なことではありません。

　前述したように、カウンセリングで強調される、「受容、共感、傾聴」などは、母性とのつながりの濃い概念でしょう。切断するのではなく、つながろうとする心の働きともいえます。関係性を保つためには、相手に関心を持たねばなりません。一部であっても、相手のことを好きになる必要があるでしょう。

　日頃から、教師は子どもの心を受け止め、理解し、関係性を保つように努めていなければなりません。母性が大きな力を果たすことになるでしょう。十分な関係性が築かれているからこそ、「ここぞ」という時の、父性が子どもの心に届くと思われます。父性とは、単純に声を出して叱ればいいというようなものではありません。叱らなくとも、言葉にしなくとも、しっかりと線をひくような心の働きです。時には、大人の側が血の通った「壁」となって立ちはだかることによって、子どもが成長していくこともあります。特に、思春期は、ゴツゴツと周囲とぶつかり合いながら、自分を創っていくようなところもあります。ここで、「壁」としてとなると、父性が中心となって働いているように思えるかもしれませんが、「血の通った」というところからは、母性の働きも含まれているということもつけ加えておきたいと思います。

　以上のように、父性と母性という二つの機能は、子どもが育つ様々な場面において、互いに補い合いながら、また、バランスをとりながら作用しているといえます。どちらかが優勢に働いていることはありますが、必ずどちらも機能しています。

　そして、担任の先生が学級経営を振り返って考えてみる時、父性と母

性という視点で考えてみると、案外、新たなヒントや手掛かりが生まれ
てくることもあるのではないでしょうか。現在の子どもの状態を見立て
る際には、父性と母性はどのように機能しているのかなどと考えてみる
といいかもしれません。そして、今後、父性と母性のどちらを優位にし
て関わったら良いのかなどと思い巡らせてみるのです。

　ここで、教師がカウンセリング・マインドを取り入れることについて
も触れておきます。一般的にいって、教師はカウンセラーになることは
できません。教師には、教師としての役割があります。教育現場にカウ
ンセリングそのものを当てはめるようにして使うことはできませんが、
カウンセリングのエッセンスを取り入れることは可能です。

　教師は、SCの態度を柔軟に取り入れることによって、教師としての
力量が増すことは、もちろん期待されます。実際には、教師がカウンセ
リングのエッセンスを取り入れることは難しいことでもありますが、
チャレンジしていってもらいたいと思います。教師にとっての本来の機
能に加えて、母性的な要素を少しでも有機的に取り込もうとする努力が、
子どもと関わるうえでの助けとなると思われます。実際に、そのような
ことに取り組まれて、良い進展が見られた事例も存在しています。

　特に、1対1で子どもと関わるような場面では有効であり、重要視す
べきものです。具体的には、不登校、いじめ、虐待、心身症などの気に
なる行動や症状を持つ子どもと関わる時には、不可欠なものとなるで
しょう。

　もちろん、集団に関わる時においても、適切に母性を発揮している先
生も少なからずおられます。集団と個、どちらに対する時であっても、
父性と母性、両方の力が必要になります。担任の先生が、自分の学級経
営がうまくいっているという手応えを感じている時というのは、父性と
母性がバランスよく機能している時ではないでしょうか。しかも、その
父性と母性はネガティブなものではなく、ポジティブなものとして発揮
されている時だと思われます。父性と母性には、その「質」が肝要であ
るという認識も必要と思われます。

2　学級経営の大変さとやりがい

　SCと教師の社会的な役割は異なります。教師には、ほかの職種には果たせない固有の役割がありますので、自信を持って果たしていってもらいたいと思います。SCが関わろうが関わるまいが、教育の専門家として、子どもと向き合い続けてもらいたいところです。

　学校の先生は、学級経営においては苦労を感じたり、心をすり減らしたりすることも多いと思われます。なかには、疲れ切っている先生もおられるのではないでしょうか。しかも、一時的にではなく、深刻な状態が日常化しているような先生もおられるかもしれません。

　自分の力だけで乗り越えるには、限界のような場合もあります。そのような時は、学校の先生方のコミュニティで支え合うことも大切なことでしょう。もちろん、身近な、心の専門家であるSCも支えとなる存在として活用していただければと思います。状況によっては、カウンセリングや医療などの外部の専門機関を利用するという選択肢も必要となるかもしれません。

　一人で抱え込まないでいただきたいと思います。一人で抱え込むと、悪循環となりやすく、状況が変わらずに、時間ばかりが経ってしまうことがあります。信頼のおける人に話を聞いてもらいながら、一緒に考えていくというスタンスが重要となることでしょう。

　その先生のパーソナリティの関係もあるかもしれませんが、先生一人の責任ではない場合も少なくありません。児童生徒、保護者、職場の人間関係などが影響している場合もあるかもしれません。それ以外の要因もあることでしょう。

　学級経営にやりがいを感じ、生き生きと、能動的に仕事をしているという教師像を見失わないでいただきたいと思います。子どもは、教師自身を成長させてくれる存在でもあるということも確かなことでしょう。大変なことではあっても、自分らしさ（個性）を生かしながら、できるだけ楽しみながら、クラスマネジメントに当たっていただきたいと筆者

は願っています。ユーモアやゆとりを持ちながら、子どもたちと心を通わせながら、一緒に成長していっていただきたいと思っています。教師という仕事を通して、自己実現のプロセスを歩んでいっていただきたいと思います。

3 連　携

　上記で述べてきたことを実現するためには、教育の専門性だけでは限界があるのはやむを得ないことでしょう。『生徒指導提要（改訂版）』では、「児童生徒一人一人に対するきめ細かで、継続的で確かな児童生徒理解に基づく個に応じた指導の充実は、生徒指導の面からも不可欠です」「指導や援助の在り方を教職員の価値観や信念から考えるのではなく、児童生徒理解（アセスメント）に基づいて考えること」「生徒指導は児童生徒理解に始まり、児童生徒理解に終わるといわれるように、生徒指導におけるアセスメント（見立て）の重要性はいうまでもありません。理解の側面を抜きにした指導・援助は働きかけが狭くなり、長い目で見た時の効果が上がりにくくなります」などと記述されています。

　筆者は、この「確かな児童生徒理解」については、とても難しいことだと考えています。「ある程度確かな児童生徒理解」くらいが、現実場面においては多いのではないでしょうか。そして、「ある程度」でも、筆者は十分に役に立つように思っています。センスの良い教師であったとしても、確かな見立てとなると、困難なこともあるでしょう。SCや精神科医にとっても、アセスメントに対して難しさを感じることは珍しくありません。しかし、SCは臨床心理学の訓練を受けているので、恣意的な見立てを修正しやすい立場にあるのは確かなことといえます。

　「アセスメント」「確かな児童生徒理解」のために、SCを積極的に活用していただくことを筆者は望んでいます。教師がSCにカウンセリングのオーダーを出すことは必要なことであり、これまでも行われてきています。さらに、教師がSCに対して、アセスメントのみのオーダーを

出すという選択肢があっても良いように思います。逆に、SC の側から
も、学校の先生方に対して、SC がアセスメントのみの行為を行うこと
を提案してみるという選択肢があっても良いのではないでしょうか。

　例えば、SC が子どもの教室での様子を観察したり、掲示物を見たり
して子どもを立体的に理解しようとしてみます。SC が先生方から子ど
もの情報を得ることも必要なことです。子どもとのプレイセラピーやカ
ウンセリングが成立していても、保護者とのカウンセリングが成立しな
い場合もあります。あるいは、子どもと保護者ともに、成立しないとい
うこともあるかもしれません。これらの場合に、保護者から子どもの生
育歴や問題歴、家族についての情報を得るといった、1、2 回のアセス
メントのための面接を試みるのはどうでしょうか。そして、SSW（ス
クールソーシャルワーカー）や外部の専門機関（医療機関など）からの
情報を得ることが必要となることもあるでしょう。

　教師は、自分（たち）だけで子どもを抱え込まず、かといって、SC
や外部の専門家たちに丸投げする訳でもなく、必要な分の支援を求める
必要があるといえます。筆者が、教師だった頃、SC の制度は始まった
ばかりで、筆者の勤務校には配置されていませんでした。当時、生徒の
ことで相談するとなれば、担任である筆者に近い存在である学年主任や
同年代の教師達でした。しかし、筆者が、担任している生徒のことで相
談することには、漠然としたためらいのようなものもあったことを覚え
ています。相談すると、教師としての指導力がないと思われるような気
もしており、一人で背負い込みがちになっていたように思います。

　河合は、「人間関係も父性原理によると、言語による契約関係が重要
になるが、母性原理の方は非言語的な感情的一体感が重視される。担任
と学級の関係でも、このような母性的一体感を大切に感じる人は、そこ
に外部からの『関係』がはいりこむのを嫌う。父性原理が優位にはたら
くアメリカであれば、担任が自分のクラスの子どもが心理的に大きい問
題をもつなら、そのことに関する限り、その子がカウンセラーと人間関
係があっても何も感じないが、母性原理に基づくと、そのようなカウン

セラーの存在は担任とクラスの子どもの関係の破壊者とさえ感じられる」と述べています。当時の筆者は、このことに関する自覚はほとんどなかったように思いますが、示唆的であり、考えさせられた視点です。

「母性社会日本」といわれるように、筆者を含めて、日本人の多くは知らず知らずのうちに母性にのみこまれていきやすいというような特性があるように思われます。よく状況を整理して考えたり、優先度の高さなどをしっかりと吟味したりするといった、父性的な力が全体的に弱いように感じられます。客観的な根拠に基づいて考えるというようなことも、苦手な印象を受けます。主体が弱く、受身的で依存的になりやすいところがあり、同調圧力も強いといえます。

前節までは、主に母性のポジティブな側面について述べてきましたが、ネガティブな側面についても留意することは大切です。特に、連携においては障がいとなることもあるので、心に留めておきたいところです。父性も母性も、ポジティブとネガティブの両面を持っています。

SC制度のある現代においても、当時の筆者のような考えで、SCと相談することにハードルの高さを感じている学校の先生も案外多いのではないでしょうか。先生によっては、自分のクラスの子どものことで、SCに相談するには勇気がいることなのかもしれません。SCも一人ひとりということも確かなことです。しかし、うまく活用してもらえれば、ある程度、お役に立てるのではないかとも筆者は思っています。

最近、学校においては、「SOSの出し方教育」の研修の機会が増えてきています。そして、子どもに対して「SOSを出す力」（援助希求能力）が求められたりもします。ここでの理念としては、やみくもにSOSを出すということではなく、必要な分のSOSは求めてもいいし、SOSを出すことは一つの能力でもあるという理解です。

しかし、この力は、教師自らに対しても求められているといえます。『生徒指導提要（改訂版）』においては、「一人でやれることには限界があります。一人で仕事をこなさなくてはという思い込みを捨てて組織で関わることで、児童生徒理解も対応も柔軟できめ細かいものになりま

す」という記述があります。

　自分にも相手にも、できることとできないことがあるということを受け入れることに対して、苦しさを感じる人もいるかもしれません。筆者は、父性の弱い多くの日本人にとって、この援助希求能力を適切に発揮することは、案外難しいことだと思っています。

　教師はSCの態度を良く理解し、SCも教師の態度を良く理解する必要があるでしょう。教育の専門家と臨床心理学の専門家という専門性の異なる者同士が、互いの専門性や役割を尊重し、支え合いながら、連携していくことが大切となります。

　教師とSCも共に万能ではなく、限界もあるということを互いに理解した方が良いと思います。双方が、「相互コンサルテーション」という形で話し合う中で、いろいろと新しいことが見えてくることがあるでしょう。学校の先生は、多忙な中で時間を取れない時もあるかも知れませんが、基本的にはきちんと時間を取って話し合うことを大切にした方が良いと思われます。大人が心を使っていくことが、結局、子どもを守ることになります。SCが学校の中にいて、教師との連携という営みの中で、児童生徒理解を推し進めていくことこそが重要なことです。

　最後に、『生徒指導提要（改訂版）』では、連携について次のように述べられています。

　「担任一人ではできないことも、他の教職員や他職種の専門家、関係機関がチームを組み、アセスメントに基づいて役割分担をすることで、指導・援助の幅や可能性が飛躍的に広がります。また、学校だけでは対応しきれない部分をカバーしたり、よりよい解決の方向性を見出したりするためには、多職種の専門家との連携が不可欠です。異なる専門性に基づく発想が重ね合わさることで、新たな支援策が生み出されます」。この点について、教師およびSCは、『生徒指導提要（改訂版）』を熟読し、理念を再確認することが必要であり、重要と思われます。筆者も十分に味わい、改めて理解を深めていきたいと考えています。

第8章

キャリア教育と学級経営

第1節　学級経営の基本とキャリア教育

塚田　薫

1　学級経営の基本的な考え方

「教師は、学級経営と授業で給料をもらう」という人がいます。実際に教師になった人の多くは、子どもが好きで子どもたちと活動を共にし、楽しくわかりやすい授業づくりをめざしているのではないでしょうか。確かに、「良い先生」といわれる教師は、学級経営で手腕を発揮しているほか、わかりやすく、子どもの知的好奇心を引き出す授業を行います。また、子ども一人ひとりとの人間的なふれ合いを大切にし、適切な生活指導や進路指導を継続できます。それは、豊かな感性と子ども一人ひとりへの愛情を持った教師だからこそなし得る「共育」の精神にほかならないのではないでしょうか。

　平成28年12月21日に中央教育審議会から出された「幼稚園、小学校、中学校、高等学校及び特別支援学校の学習指導要領等の改善及び必要な方策等について（答申）」の第1部第8章「3．キャリア教育（進路指導を含む)」において、以下のように記述されています。

　　　キャリア教育を効果的に展開していくためには、教育課程全体を通じて必要な資質・能力の育成を図っていく取組が重要になります。小・中学校では、特別活動の学級活動を要としながら、「総合的な学習の時間」や学校行事、特別の教科道徳や各教科における学習、個別指導としての進路相談等の機会を生かしつつ、学校の教育活動全体を通じて行うことが求められる（以下省略）。

　この章では、キャリア教育を基盤とした学級経営の在り方について述べます。そして、「未来を創る人財」を育成するための指導について、事例を示しながら説明します。

2 キャリア教育の本質と活用

　平成20年1月17日に中央教育審議会から出された「幼稚園、小学校、中学校、高等学校及び特別支援学校の学習指導要領等の改善について（答申）」に、キャリア教育の意義や活用の視点が明記されました。そして、国立教育政策研究所では、教育現場の教師にキャリア教育を端的に説明するために、キャリア教育の概念を下のような図にまとめました。

　この図は、学業生活を意味する「学ぶこと」と職業生活を意味する「働くこと」をつなぎ、生きる力を形成するというキャリア教育を生かす視点を表しています。

出典：進路指導のより効果的な取組についての調査研究協力者会議報告書
〜小学校・中学校・高等学校におけるキャリア教育の指導実践〜
平成20年5月　国立教育政策研究所

　このように、キャリア教育を推進する目的として、生きる力としての職業観・勤労観の育成と社会で活用できる学力の育成が両輪として据えられました。さらに、就職指導や進学指導などの狭義の進路指導と関係の薄かった小学校段階では、職業観の育成について慎重な意見が多かったため、まずは勤労観を育成するという観点から、職業観と勤労観の並びを逆にして「勤労観・職業観」としました。

　キャリア教育は、学校（学業生活）と社会（職業生活）をつなぎ、勤労観・職業観を育成するとともに社会的・職業的な自立を促す教育として、すべての教育活動をつないで実践する教育として設定されました。以上のようなことから、この教育の目的を達成するためには、学級経営を中心とする教育課程の効果的な活用（カリキュラム・マネジメント）が重要になります。

3　学級経営にキャリア教育を活用するには

　小学校学習指導要領（平成29年告示）解説と中学校学習指導要領（平成29年告示）解説の総則には、特別活動が学校におけるキャリア教育の要としつつ学校の教育活動全体で行うことと記されています。特に、小学校においては学級活動(3)が新設されたことで、キャリア教育として取り扱う内容が明確になりました。また、学級活動(3)の内容は、小学校から高等学校までのキャリア形成について系統的なつながりを考慮しながら、発達の段階に応じた適切な指導をすることが大切です。

　そこで、学級担任や学年の担当者を中心に児童生徒の実態を分析し、身につけさせたい資質・能力と基礎的・汎用的能力や社会人基礎力との関連性を明確にした上で、指導できるように計画すると良いでしょう。また、その内容については、将来に向けて自己実現を図るための学習であり、子ども一人ひとりの主体的な意思決定を促す活動にすることが必要です。

　キャリア教育を学級経営に有効に活用するためには、その位置づけを明確にする必要があります。子どもが自主的・実践的に活動し、キャリアを形成できるようにするための手立てについて以下に示します。

　　○子どもが安心して自分の力を発揮できる集団づくりをし、人間関係
　　　の形成（調整）を行う能力を高める。

　　○日常生活で、子どもに意思決定の場を設定し、その時その場で正し
　　　く判断し、自分で責任を持って行動できるようにする。また、話し
　　　合い活動を生かして、多面的な考え方を理解したり、合意形成がで
　　　きるようにしたりする場を意図的に設定する。

　　○子ども一人ひとりの興味や関心、発達の段階や学習課題などを踏ま
　　　え、子どもの発達を支え、資質・能力を高める学習を設定する。

　　○他者の失敗や短所に寛容で共感的な姿勢を形成するとともに、互い
　　　を認め合い励まし合えるような学級集団を育てる。

　　○子どもに学校生活や学習に関する目標を持たせ、それをキャリア・

パスポートなどにまとめ評価できるようにすることで計画実行能力を身につけさせるとともに、保護者と記録を共有しキャリア発達に関する評価を生かして生きる力の育成につなげる。

　大切なことは、各学校が設定しためざす子ども像を実現するために、カリキュラム・マネジメントを生かして学級経営をすることが不可欠です。社会的・職業的自立を促すとともに必要な資質・能力を身につけさせるために、「総合的な学習の時間」や特別活動の教科横断的な指導計画を作成・実践することが大切です。また、授業においては、学習の目的を把握させ学習意欲を高めることや、学んだ知識や技能を活用する能力を身につけさせることが必要です。

第2節　キャリア教育の実践

塚田　薫

1　学級経営の計画に生かすために

（1）キャリア発達段階を踏まえた系統的な教育計画の作成

　キャリア教育を学級経営に生かす視点、三点について述べます。

　キャリア発達については学説により多少の違いはありますが、文部科学省から出されている校種別の手引きを活用すると良いでしょう。どの学年段階でどのような資質・能力を身につけさせたいか、系統的に確認し育てたい児童生徒像を考えることが大切です。

　教員がキャリア発達を理解し、その実現のために指導を工夫することは、児童生徒が自己理解を深め、社会に適応して生きる力を養うためにも大きな効果をもたらします。目の前の教育で手一杯になっている教員もいるようです。小学校から高等学校まで12年間のスパンで教育を系統的につなぐことは、キャリア教育を活用する目的の一つであり、教育課程をつなぐ（カリキュラム・マネジメントを実践する）ことになります。さらに、担任や学年の担当者がこのように教育課程を編成することで、

各教科を横断的につなぐほか、「総合的な学習の時間」や特別活動の学年間のつながりや課題の系統性を明確にすることにつながります。

　さらに、キャリア教育は、勤労観・職業観を育成することを目的として説明されることが多いですが、教育課程をつなぎ、横断的な指導により教育効果を高めることや、学ぶ目的を明確にして学習意欲を高め、学力を身につけることにも活用できます。

（2）学級活動の活用

　キャリア教育は、学級活動・ホームルームを要として行うことが、平成28年12月21日の「中央教育審議会答申」にも明記されています。しかし、学校現場では、どのような題材をどのような時期に行えば良いか困っている担任も多いようです。それどころか、学級活動の本来の目的を軽視し、学年集会や学校行事の準備などで時間を費やしてしまうこともあるようです。

　授業で活用できる題材例を示した副読本やワークシートなども出版されていますが、大切なことは学級や学年の実態を熟知している担任や学年担当者が課題に応じた題材になるように工夫することです。学級活動「一人ひとりのキャリア形成と自己実現」については、「ア　社会生活、職業生活との接続を踏まえた主体的な学習態度の形成と学校図書館等の活用」、「イ　社会参画意識の醸成や勤労観・職業観の形成」、「ウ　主体的な進路の選択と将来設計」が示されています。

　これらの題材例の一部を〈資料１〉に示しました。また、指導計画の事例については〈資料２〉、題材例については〈資料３〉〈資料４〉に示しました。

　右ページに示した〈資料１〉は、小学校と中学校の学習指導要領（平成29年告示）解説の特別活動編における学級活動(3)の内容を基に作成した題材例の一部です。「イ」と「ウ」もありますが、このように小学校と中学校を関連付けることで、キャリア発達段階を踏まえた系統的な指導を意図的に行うことにつながります。

　136ページに示した〈資料２〉は、学年段階を踏まえた題材例と、身

学級活動（3）で取り上げるべき題材例

	小 学 校	中 学 校
ア	現在や将来に希望や目標を持って生きる威容や態度の形成 〈低学年〉 ①自己理解を深め、自分の良いところや友達の良いところを理解し、生かそうとする。 ②自分の事について、絵や文章で表し、友だちに伝える。 ◎仕事をしている人とふれ合おう。 〈中学年〉 ①キャリアパスポートを生かして、自分の成長ぶりを理解するとともに、それを学級で生かそうとする。 ②９歳や10歳が成人年齢の折り返しであることを理解し、どんな人になりたいか考える。 ◎職業人と話そう。 ◎ヒーロー・ヒロインを探そう。 〈高学年〉 ①学校生活を振り返り、自分や友だちの個性を理解し、学校生活や家庭生活に生かそうとする。 ②具体的な職業調べや職業体験を通して将来の希望や目標を設定し、実現するために何が必要か判断し行動する。 ◎地場産業を体験しよう。	社会生活、職業生活との接続を踏まえた主体的な学習態度の形成と学校図書館等の活用 〈１学年〉 ①中学校（７年生）の学習の在り方を考え、計画を立てて自主的に学習できるようにする。 ②中学校（７年生）として現在及び将来の学習と自己実現とのつながりを考えるとともに、将来の希望や目標を実現するためにどのような学習が必要か判断し実践しようとしている。 〈２学年〉 ①集団生活での体験を振り返り、仕事をすることの意義を理解するとともに、自己を生かして働こうとしている。 ②志を持って生きた人の生き方や、未来の社会に向けの世界の動きについて調べ、学習の在り方を振り返り改善する。 〈３学年〉上級学校調べ、上級学校体験 ①近い将来の目標を実現するために必要な能力を把握し、それを自ら身につけようとしている。 ②社会生活や職業生活で必要な学びについて理解を深め、学び方を身につける。
イ	社会参画意識の醸成や働くことの意義の理解	社会参画意識の醸成や勤労観・職業観の形成

資料1　学級活動（3）の題材例

につけさせたい基礎的・汎用的能力を明記することで、評価の観点を明確にした指導計画の例です。

　小中一貫校や義務教育学校では当然作成しているでしょうが、一般的には９年間の指導計画は作成できていない可能性もあります。また、計画の中には新設された図書館の利用に関する題材を、「◎」で示しました。小学校と中学校の連携を深めるためにも、このような指導計画を協働的に作成することが大切です。

（3）総合的な学習の時間におけるキャリア教育

　社会の変化に適応しながら、主体的に課題を解決する生きる力を身につけるために最適な学習といえる「総合的な学習の時間」ですが、その

学級活動（３）の学習計画
学年段階におけるキャリア形成

※基礎的・汎用的能力の育成との関連
（人）人間関係形成・社会形成能力　（自）自己理解・自己管理能力　（課）課題対応能力　（キ）キャリアプランニング能力
◎は学級活動（３）のウ．図書館の活用との関連

学年段階		育成する資質・能力 （主にキャリア発達課題）	学習活動の内容
小学1年生	1学期 2学期 3学期	・小学校生活に帝王心。 ・約束や決まりを守り、自分がやらなければならないことを行う。 ・身の回りの事象への関心を高める。 ・自分の好きなことを見つけて、のびのびと活動する。	① きもちよくあいさつしよう（人） ② じぶんのことははじぶんでやろう（自） ③ わたしの考えをいおう（自） ④ わたしのゆめ（キ） ⑤ としょかんはゆめがいっぱい（学力向上） ⑥ こんなときどうするの？（課） ⑦ がんばっている人にかんしゃしよう（人）
小学2年生	1学期 2学期 3学期	・集団活動を通して、仲良く助け合おうとする態度が身に付く。	① 自分のやくわりをはたそう（人） ② こんなときどうすればいいの？（課） ◎ としょかんでがくしゅうしよう（学力向上） ③ わたしのよいところをさがそう（自） ④ わたしのゆめ（キ） ⑤ いっしょうけんめいにはたらこう（人） ⑥ どんなことができるようになったかな（課）
小学3年生	1学期 2学期 3学期	・協力し合える人間関係を築こうとする。 ・友だちと協力して活動する中で、関わりを深める。 ・自発的な活動をしようとする。 ・自分の特徴に気づき、良いところを伸ばそうとする。	① 仕事って何？（キ） ② 友だちのよいところをさがそう（人） ③ わたしの夢（キ） ④ どんなことができるかな？（自） ⑤ 勉強っておもしろい（課） ◎ 図書館の本を使って学習しよう（学力向上） ⑥ わたしのやくわりは何かな？（自）
小学4年生	1学期 2学期 3学期	・自分の持ち味を発揮し、集団における役割を果たそうとする。	① 消防士の仕事を調べよう（キ） ② 公共物を大切にしよう（人） ③ 自分のよいところをさがそう（自） ④ どうして学習するの？（課） ◎ 図書館で仕事の本を探そう（学力向上） ⑤ それがわたしにできること（自） ⑥ 2分の一成人式で考えたこと（課）（キ）
小学5年生	1学期 2学期 3学期	・自分の役割や責任を果たし、役に立つ喜びを体得する。 ・集団の中で自己を生かす。 ・自己に対する肯定的な自覚を深め、未来への夢や希望をもつ。 ・社会の一員として何をするべきか考えることができる。	① 身のまわりの職業を調べよう（キ） ② 協力し合って生活しよう（人） ③ 何で学習するの？（課） ◎ 図書館の本を使って課題解決しよう（課） ④ 友だちとどうつき合おう？（人） ⑤ 私にできる仕事はなんだろう（自）（キ） ⑥ 6年生になるために（自）
小学6年生	1学期 2学期 3学期	・中学校での生活や将来の生き方などについて話し合い、考えを深める。	① 学力を伸ばす学習法は？（課） ② 私の個性って何だろう（自） ◎ 図書館で偉人（いじん）の本を探そう（学力向上） ③ 偉人から学ぼう（キ） ④ しょう来の夢はなんだろう（キ） ⑤ 社会で役に立つために（課）（自） ⑥ 中学校ってどんなところ？（キ）（自）
中学1年生	1学期 2学期 3学期	・自分の良さや個性がわかる。 ・自己と他者の違いに気づき、尊重しようとする。 ・集団の一員としての役割を理解し、それを果たそうとする。 ・将来に対する漠然とした夢やあこがれを抱く。	① 働くことに意義の理解（課） ② どうして学習するの？（課） ◎ 図書館の本で「働くことの意義」を読み取ろう（学力向上） ③ 集団の一員として（自） ④ 職業の世界を調べよう（キ） ⑤ 自分の個性・適性を考えよう（自）（課） ⑥ 進路計画の立て方を調べよう（キ）
中学2年生	1学期 2学期 3学期	・自分の言動が他者に及ぼす影響について理解する。 ・社会の一員としての自覚が芽生え、社会や大人を客観的に捉える。 ・将来の夢を達成するうえでの現実に直面し、模索する。	① 働くことと学ぶこと（自）（課） ② 職業について具体的に調べよう（キ） ③ 起業家になろう（キ） ④ 社会人として自立するために（課） ◎ 図書館の本を活用し、自立するために必要なことは何か考えよう（課）（学力向上） ⑤ 進路計画を立てよう（キ） ⑥ 立志式で考えたこと（キ）
中学3年生	1学期 2学期 3学期	・自己と他者の個性を尊重し、人間関係を円滑に進める。 ・社会への参加には義務と責任が伴うことを理解する。 ・将来設計を達成するために困難を理解し、それを克服するために努力する。	① 自分の適性に合った進路選択（自）（キ） ② （自分の夢を叶える適性としての）学力を高めるために必要な情報を探そう（課）（学力向上） ◎ 進路目標を実現するために（課）（キ） ③ 社会の一員として必要なこと（自）（人） ④ 進路計画を見直そう（課） ⑤ 中退・転職はどうするの？（課） ⑥ 未来に向かって（キ）（課）

資料２　学級活動（３）の学習計画例

〈身につけさせたい資質・能力・態度〉

○長いスパンで将来を見つめる資質
○必要な情報を収集・整理・活用する能力
○自分で課題を考え、計画的に解決する能力・態度
○人と対話し、協働的に課題に対応する能力・態度
○将来の生活を見据え、たくましく努力する資質・態度

キャリア教育を核とした「総合的な学習の時間」の実践例

〈第3学年〉
1　修学旅行での体験を生かした文化の理解と日本社会の未来についての探索
2　SDGsの視点での社会貢献活動の計画と実践
3　希望する職業を実現するための進路計画
4　上級学校の見学・体験入学による情報収集
5　自己の生き方についての将来設計

〈第2学年〉
1　働くことと学ぶことの意義と自己の課題の確認
2　3日間の職場体験学習・社会体験の計画と順位、実践、評価
3　起業家教育の実施と、理想の町づくり（会社づくり）
4　将来の夢をかなえるための進路の探索と進路計画
5　SDGsを踏まえた課題の設定と探究学習、ボランティア活動

〈第1学年〉
1　地域や身近な人の職業調査と自己の夢をかなえるための職業生活の探索
2　職業の種類・特徴と産業構造の関係
3　社会のマナーやルールの確認と校外での実践
4　起業家教育の授業や職場訪問による職業の実態調査
5　SDGsを生かした係活動・委員会活動の工夫

資料3　総合的な学習の時間の実践例

目的も体験を伴う学習スタイルも、キャリア教育を展開するうえでも効果的です。このページに示した〈資料3〉には、キャリア教育を中心に据えた「総合的な学習の時間」の学習計画の例です。中学校3年間を通して設定したキャリア形成につながる体験活動や進路指導を、単元として積み上げる事例です。

　以下には、「総合的な学習の時間」において、キャリア教育を生かす

視点を記しました。

○課題設定の段階で、社会生活・職業生活に適応できる資質・能力を身
　につけさせる学習テーマを設定する。

○各教科等で身につけた知識や技能等を相互に関連づけ活用できる体験
　や活動を設定し、探究心を高める。

○「生きる力」としての学力の獲得を実感できるように、課題を達成し
　た満足感や自己肯定感を味わえる場を設定する。

○自分の個性・適性、可能性に気づき、将来に夢や希望を描くことので
　きる協働的、探究的な学習活動を設定する。

　このような視点を持って単元を設定する時に大切なことは、担任や学
年担当者が、児童・生徒に身につけさせたい資質・能力を踏まえて、学
習意欲を高める学習のテーマ（全体の目標）を設定することです。さら
に、社会的・職業的な自立を促すための社会体験を設定し、そこで明確
となった課題を解決するために探究する学習活動は、基礎的・汎用的能
力や生きる力の育成につながります。

　「総合的な学習の時間」は、キャリア教育を展開する場として最適で
す。このような学習を通して、自己（人間として）の生き方を認識でき
るほか、主体的に課題解決に取り組む資質・能力を身につけることがで
きます。

第3節　「未来を創る人材」の育成へ

塚田　薫

1　社会の変化に対応するための指導の必要性

　変化の激しい予測困難な社会を生き抜くためには、未来の問題を想定
し、それに対応できる資質・能力を身につける必要があります。

　国が問題として挙げていることを確認すると、2030年問題としてAI
（人工知能）やロボットの進化に伴う職業の変化、2040年問題として労

働人口における高齢者の割合が半数に及ぶこと、2045年問題として AI が人間の知能を超えること、2050年問題として脱炭素と再生可能エネルギーの利活用などがあります。

　これらの問題の認識と、それを解決する資質・能力や身につけるべきキャリアを踏まえた教育が必要なことはいうまでもありません。児童・生徒一人ひとりに勤労観・職業観を身につけさせるとともに、社会的・職業的な自立を促すためにはどのような教育が必要かを検討し、学級経営に取り組む必要があります。

2　人の成長に効果的な学級経営を行うために

　現行の学習指導要領には、未来社会を切り拓く資質・能力を身につけた人財を育成する重要性が明記されています。子どもたちに未来社会を切り拓く資質・能力を身につけさせるには、まず教師自身が幸せな未来を思い描くことが必要です。未来に夢を持てない教師は、明るい未来を語ることができないし、児童生徒に夢を持たせることも難しいのではないでしょうか。

　教師自身が、未来の社会を想像し、どのような資質・能力を身につければ変化に対応し自己実現を図ることができるか考えることが大切です。いい換えれば、教師自身の自己のキャリア形成をする資質・能力が、学級経営に効果的なキャリア教育を行う基盤となります。

　学級経営を効果的に行うためには、児童生徒一人ひとりの個性や適性を理解することが大切です。そのために、日常の生活指導があり、進路指導があります。また、個々の多面的な理解を深めるためには、学年の会議や学校行事等で、個人情報を収集・整理することも大切です。そのうえで、キャリア教育によって育成したい児童生徒の個々の個性や適性について具体的な目標を設定し、幸せな未来に向けて自己実現を図る教育を、学校全体や保護者と協働することで計画的に行うことを薦めます。

　開かれた教育課程を学級経営でも実践し、多くの方の協力を有効につ

なぐことも、キャリア教育の目的です。学級経営を基盤としつつ、多く
の方とつなぐことで可能性を広げ生きる力を高めるような教育を実践す
ることを期待します。

第9章

AI シンギュラリティ時代
への対応

第1節　教室運営におけるマネジメントとは

楠本　修

1　学校や教室の目的とは何か

　マネジメントは、経営学の父といわれるピーター・ドラッカーの著作によって有名になった概念で、組織に成果を上げさせるための機能を指すと要約して良いと思います。ここで重要なことはその組織が成果を上げることを目的としている、ということです。一般に社会的な組織は特に目的を持たない、言葉を代えると組織の存続そのものが目的の組織である Community と、ある目的を達成するための組織である Association に分類することができます。学校であれ、教室であれ、それは目的を持った組織であり、Association に分類されますが、学校や教室の目的は何でしょうか。"教育をすること"、という回答が出てくるかもしれませんが、しかし "何のために教育をするのか" という問いに答えるのはなかなかに難しいでしょう。

　一般的にいえば、教育とは、その過程を通じて社会に貢献できる人材を育成することや、創造的な人材育成を行うなど、の回答が出がちだと思います。しかし、その具体的な内容やメソッドが確立されているわけではありませんから、教育を実施すれば、その意図した通りの結果を導き出せるかといえばそうはいきません。

　何のために教育するのかという問いに対する、一つの答えは、教育を通じて一人の人格の完成をめざす「全人」をつくり出すことだといえるかもしれません。しかしそれすらも「全人」とは何か、もっといえばそれを達成してどのようになるのか、という難しい問いから逃げることはできないのです。

　現在の状況から見た時、少子化の中でも受験産業はそれなりの顧客を得て経済的にも成り立っています。これは目的が明確で、成果が測りや

すく、消費者側が支出をする価値がある、と考えるからだといえます。

　非常に残念なことですが、組織はそれが設立した時の高い理想を維持し続けることは難しいのが一般的です。時を経るにしたがって、その設立趣旨は見失われ、場合によっては、学校であれ、教室であれ、その組織で生活する人の生活費を得ることが第一の目的となってしまっているような場合も散見されるのです。

　当然のことですが、そのような学校や教室はその設立の理念や目標を見失っているので、存在価値を失い、顧客から見放され、組織そのものの維持もできなくなってしまいます。そのような中で教室を維持するためにも、教育とは何か、そして現代に求められる教育とは何かという問題に対する解答を持つことが必要になります。

第2節　AIシンギュラリティから見た教育

楠本　修

1　教育とAIとの関係

　ここで、上記の問題に答えるために、教育と AI との関係を考えてみましょう。そうすることで、教育に求められるものが何か見えてくると思います。

　現在、ChatGPT などの生成対話型 AI が与えた衝撃が大きく取り上げられています。2030年にも予測されていた AI が人間の知的活動を凌駕する「AI シンギュラリティ」の世界の黎明期を私たちは目撃しているのです。この AI シンギュラリティから大きな影響を受けると考えられているのがいわゆる会計や法律などのいわゆる高度専門職分野です。ChatGPT がアメリカの医師国家試験問題を解いたところ、合格点に達し、さらに司法試験でも合格点に達していたといわれます。これらの高度専門職分野の中でも、会計分野は最も深刻な影響を受けます。

　電子帳簿法の施行によってすべての請求書や領収書が電子化されてき

ていますし、そのデータを利用して、もしくはOCR（画像データのテキスト部分を認識し、文字データに変換する光学文字認識機能）で読み取って、会計作業をほぼ自動化することは目の前まで来ています。そして、これらのデータを民法や商法、様々な会計規則に当てはめてその適切性を判断することも生成AIでほぼ完ぺきに、人間の会計士よりもはるかに早く、はるかに安価にできるようになります。

　萌芽段階にあると考えられているAIファウンデーションモデル（基盤型AI）を使うだけでも、これまで制度的教育の目標であったほとんどの高度知的職業がAIに置き換え可能であるというショッキングな現実を私たちに突きつけています。しかし、それをないものにすることはできませんから、それをどのように活用するかが求められることになりますし、それがこれからの教育の在り方を決めていくことになります。

　専門的な知識を与える教育を職業としてきた職人的な教育者にとってAIの発達は危機感を覚えることかもしれませんが、実は本来の教育の在り方という視点から考えれば、AIの発達は逆に大きな光明であるといえると思います。

　それはなぜでしょうか。科学の進展の中で、知識量が膨大になり人間がそこに追いつかなくなってきていることを否定する人はいないでしょう。そして、新しいことを発見し創造するのは、やはり若い間の知性の特権です。若者によって生み出される創造的知性がなければ、科学的発見も技術的イノベーションも期待できません。この創造性を発揮すべき時期を、膨れ上がった知識を学ぶだけで費やしてしまったとしたら、創造に向かうことができません。膨れ上がる知識を学ぶ時間と創造性を発揮できる時期の制限というジレンマに、現代の科学は直面しています。

　アインシュタインが特殊相対性理論のアイデアの基礎となる「運動体の光学」に着目したのは16歳、"光量子論"、"ブラウン運動の理論"、"特殊相対性理論"の三大業績を発表したのはわずか26歳の時です。言葉を代えれば、その年齢までに特殊相対性理論などを生み出す基盤となる知識を得ていたともいえます。

ところが現在では、科学の発達やそれに伴う膨大な学問成果の蓄積が進み、学問の細分化、専門分化の中で若い人が全体像を見通すことが極めて困難になっています。専門知識に限定しても、同じ学問分野の中でも少し専門が違えば話が理解できないということが起こっているのです。

2　複雑性を単純化するには

　有名な SF 作家であり、ボストン大学医学部教授で、膨大な著作をあらわしたアイザック・アジモフは、1960年代から70年代に発表された一連の科学エッセーの中で、"知識の増大によってその取得にかかる時間が長くなりすぎ、発見や発明という創造的作業を担いうる若い年齢でそれを習得することができなくなり、その結果、科学は停止するのではないか"と懸念していました。そして、『忘れてしまえ』というエッセーの中で、かつては四則演算ですら一冊の本であったことを紹介し、複雑性をどこかで単純化する必要性を説いています[1]。社会学者のニクラス・ルーマンも『信頼』という本の中で"信頼"が社会関係の複雑性を縮減しているとし、"複雑性の縮減"という用語をつくり出しました[2]。

　そして、このことは、知的な活動の分野では実は法則といえる性質を持っているのかもしれません。コンピューターのソフトウエアが典型例ですが、私たちが使用しているソフトウエアの情報量がどんどんと膨大になっていると逆に、人間が使う使い方の面では、どんどん簡単になっています。複雑性の拡大と表面的な複雑性の縮減が同時に進んでいるのです。詳細を極め複雑になりすぎると人間が把握できなくなります。

　この問題を解消するためには、どこかで単純化しないと使えないから単純化するという動きも出てくるということです。コンピューターソフ

1　アイザック・アシモフ著、山高昭訳、"忘れちまえ"『時間と宇宙について』、ハヤカワ文庫、早川書房、1978 Of time and space and other things by Issac Asimov. Doubleday and company inc. 1965
2　ニクラス・ルーマン、大庭健／正村俊之　訳、『信頼』社会的な複雑性の縮減メカニズム、1990、勁草書房

トウエアの場合であれば、これは最終的に機械語で記載されたプログラムがなければ動きませんから、見えている部分が人間に使いやすくなっているということは、ヒューマンインターフェイスを支えるプログラムの隠れた部分では膨大な複雑性が進んでいるということになります。

　前述したように、すでに会計の分野では、会計ソフトを使えばすべての複雑な計算がコンピューター上では把握されていると同時に、人間がやらなければならない作業は、そのような複雑なプロセスを意識しないで済むような方向に進化してきています。

　ソフトウエアの特性として、いったんきちんと検証・作成された複雑なプロセスはどんどん共有化され、洗練され、社会財に近いものとなっています。そして、誰でも使えるものになっていきます。このことは、人類の知的な歩みの一般則ともいえます。いまは中学校で習うピタゴラスの定理も、かつては神秘主義とも深く関わり、近世では測量技師の特別な知識でした。したがってAIを過剰に恐れる必要はなく、それを人類社会のためにいかに有効活用するかが求められているといえるのです。そして、教育という面から考えると、単なる知識の習得という教育の一部はかなりの部分をAIに代替させることが可能になるということです。

　この変化は、当然のように教育産業を直撃します。これまで教育の中心にあった知識の提供がお金になる、つまり、知識を持っている人が専門家として評価されてきた時代が、AIの発達で解消される可能性が出てきたのです。そうなると、当然そこに求められる教育を担当する人材も変わってくることになります。

第3節　教育の機能

楠本　修

1　劇的な変化の本質

　具体的な影響としては、教育分野でもAIを補助教員として利活用す

るなどの試みがどんどん進んでくると考えられます。しかし、AIが教育にもたらす劇的な変化の本質は理解されているのでしょうか。それを考えるために、教育の"機能"をおさらいしてみましょう。

　教育の英語であるEducationの語源であるラテン語のEducareは、いわゆる家畜を飼いならす「飼育」という言葉に起源があるといいます[3]。これまでの歴史の中で教育の第一の機能は、社会的に求められる技能を身に付け、社会の価値観を肯定的に受け入れる、社会学の用語を使えば"同化"に向けられていたといえると思います。

　特に、日本の近代における教育システムは、こうした目的を強く持っていました。

　明治期に日本に導入された義務教育の目的は、徴兵制で徴兵した兵士が近代軍隊の組織の一員として機能するために必要な、読み、書き、そろばんを学び、体育を通じて健全な身体をつくることでした。さらにその根幹として国家の価値観を理解し、国民としての意識を形成することにあったことを否定する教育史の研究者はいないでしょう。

　兵士でないとしても、官僚として国民を統治するために法律を理解し、その運用ができる人材が求められ、医学、工学なども国家を運営に必要な技能を習得するために必要とされたのです。

　日本の場合、明治維新以降、欧米の先進的な技術を輸入して、手っ取り早く近代化を進める中で、具体的な技術的な側面を取り入れることが教育の中心におかれました。実学の典型である工学部を置いた世界で最初の大学が、東京帝国大学であることはよく知られています。これもまさしく工学という応用技術を持って、国家に有用な人材育成が求められたことの証明であるといえます。

　話は少してずれますが、欧米では、工学部がなぜ大学になかったので

3　通常言われているような"引き出す"という意味はないと、白水浩信、ラテン語文法書における　educare　の語釈と用例―ノニウス・マルケッルス『学説集』とエウテュケス『動詞論』を中心に―、北海道大学大学院教育学研究院紀要第126号、2016年6月で示している。白水は動物を含めて"育てる"、という意味を述べている。

しょうか。欧州の大学は神学部から始まった大学が多く[4]、神学に付随する形でその論理の強化のための哲学部、その修辞を行うための文学部などが派生し、神の示した真理を見出すための理学部などが派生していったという歴史を持っています。

　ガリレオ・ガリレイとローマ教皇庁の論争などを見ても、理学部は神学部の監視下に置かれ、教義と反した研究は大学の中の諮問委員会で検討される状況にあったのです。その中で大学は神の示した"真理"を発見することをその役割としてきました。

　人間は考えてしまう動物であり、これまで考えた内容と違う発想を思いついてしまう性質を持っているといえると思います。このような人間の持つ性質を踏まえれば、教育は知識を与えることで、社会的知識の習得や内在化を通じて社会で期待される役割を果たす"同化"という機能と同時に、創造的破壊としてこれまでの知識を壊し乗り越えていく"逸脱"の機能を発揮する、矛盾した役割を果たすことになります。

　実は、このような創造的破壊の能力は、現代では最も求められる能力といえます。この能力がなければ、新しい科学的発見も、経済学者のシュームペーターがいう経済のドライビングフォースとしてのイノベーションも生じません。しかし、中世の世界ではそのような人間は、秩序構造を乱す危険で取り扱いに苦労する存在でした。中世の大学や修道院は、このような人間を閉じ込め、社会的に隔離する場所であったともいわれます。

　つまり本来、欧州で発達した大学は（神の示した）真理を追究する場所であり、それが既存の価値体系を変える可能性を、大学という枠の中に閉じ込めることで封印する場所であり、現実的な有用性の視点から技術的なものを扱う場所ではなかったということです。

　だからこそ、技術そのものである工学は、なかなか大学の中に入らなかったのです。東京帝国大学工学部が世界最初の大学工学部である理由

第9章

4　例えば、欧州に比べて歴史の浅いアメリカの大学であっても、名門大学グループであるアイビーリーグの中で神学部などの宗教教育機関を源泉としないのは、最も新しい1865年創立のコーネル大学だけである。

も、後発国家として、明治政府が当時の欧米列強に追いつくために、真理の追求や自ら知を生み出すことよりも、いかに効率的に欧米の知識を移転し、優秀な人材を育てるかに明治政府が焦点を当てていたことを如実に示しているのです。

2　相反する二つの機能

このように、これまでの教育、特に日本の教育は、教育のシステムの中で評価される人材をいかに効率的に育てるかが目標であったといえます。そして、教育を行った結果として生じる同化と逸脱の中では、圧倒的に同化の機能が優先されてきました。

これを教育の面からみると、教育を通じて社会人としていくための知識を習得させ、社会の慣習を体得させていく同化機能が重視されてきたことを意味します。まさしく読み、書き、そろばん、ではありませんが社会で生きていくために必要な知識を教授することが教育者の役割であり、これまでの教育業界は、端的にいえばこの知識を売って産業として成り立ってきたといえるのです。

このような経緯もあり、いわゆる教育という場合、知識を与えることを指すことが多いといえます。産業としての教育を考えた場合には、塾であっても、資格の専門学校であっても、知識の供与の対価として報酬を得、経営を成り立たせています。その目的が入試であっても同じです。

これは繰り返しになりますが、教育は、二つの相反する機能を持っています。同じ教育という言葉ですが、その方向性が全く逆の役割、社会学的にいえば、同化を目的とした活動と逸脱を目的とした活動が期待されているのです。

しかし、現状では、これまでの知識の上に既存の知識を組み替え、新しい知識を生み出すという意味での逸脱をつくり出す機能は、建前として様々な試行がなされたことは承知していますが、実際の教育現場では、具体的にどうすれば良いのかが教員の側でも把握されていなかった現実

があり、あまり重要視されてこなかったのではないでしょうか。

　これはかなり難しいことで、教育が目的とする逸脱は、単なる社会的逸脱と異なり、これまでの知識を踏まえたうえで、創造という形で逸脱を推進することが求められます。教育制度としてみた場合、このような逸脱は、研究機能としていわゆる高等教育に求められてきました。

　教育とはいっても、大学教育が高校までの教育と全く異なった性質を持っているのはそのためであるといって良いでしょう。日本の教育行政では、文部科学省の中で、初等中等教育局・高等教育局と、局の段階で分かれていますが、スリランカなどは省の段階で分かれています。実は同じ教育とはいっても大きくその性質が異なっているのです。

　一例をあげるならば、2023年春から秋にかけて、牧野富太郎に題材をとった朝ドラがNHKで放映されました。このドラマは、明治期の学制導入期にはすでに高等教育を受けていた牧野が吹きこぼれ、制度的な学校制度の枠からはみ出してしまった物語と読むこともできます。

　同年齢であった森鷗外は、当時の学制からしても例外的な形で、11歳で東京大学医学部に入学して19歳で卒業、軍医としての最高位である陸軍軍医中将までのぼり詰めています。学校制度の中に入れた人間と外れた人間で、大きくその人生は変わってしまったのです。

　前述したように、明治期において、殖産興業や富国強兵を実現するためには画一的な教育システムが必要であり、それを短期間で実現したことは、日本が近代化を果たすための大きな要因となりました。しかし、牧野の事例は、そこから吹きこぼれた子どもに対する対処が困難であったことを示しています。

　現在でも、知的創造に足を踏み入れる子どもたちは、吹きこぼれを含めて学校制度の中に納まりにくいといわれます。しかし、そうはいっても、現実を考えれば、学校制度の中でしか研究などの高等教育ができないことも事実です。したがって、このように教育に求められる機能としては、子どもたちの創造性をいかに発揮させていくかということが重要であるとは意識されてはきたものの、あまりうまく対処できてこなかっ

たのではないでしょうか。

　教育の現場からみて、その対処が難しい理由として、創造性を示すような子どもたちは、与えられた知識を習熟することに価値を見出すよりは自らの疑問を考えることが好きであり、このような子どもたちは、基本的に知識を効率的に与えることを主な目的に制度化されてきた明治期以降の学校制度の求める生徒像としては、評価されにくかったと解釈することもできます。

　例えば、筆者の経験ですが、自分の娘に小数点を教えたときに、娘から「ねえパパ、1から2までの間にいくつ数字があるの？」と聞かれたことがあります。実はこれは数論の問題であり、簡単に答えられる性質の問題ではありません。

　筆者は「あのね、数字というのはそのように置いて便利なようにしているので、数字と数字の間にもいろんなものがあるんだよ。大学まで行って勉強したらわかるけど、○○ちゃんの年齢だと難しいかな。とりあえず必要に応じてどこまでも細かくできるものだと理解しておいてね」と答えました。

　ここで留意したいことは、子どもの質問の意義を認めることと、数の性質が単純に表せるものではないということを伝えることでした。例えば、1＋1＝2だと誰でもいえますが、1を見たことのある人はいないはずです。このような計算は、1として抽象化できる存在がなければ生まれなかったのではないか、という文化人類学者の意見もあります。

　例えば、ヒツジという個体差の極めて少ない生物に依存して生計を立てている遊牧民から、いわゆる数の概念は生まれたのではないかと考えている学者もいるのです。確かに、鯛とイワシで1＋1＝2は成り立たないと思いませんか？

3　現状の教育制度

　いずれにしても教育は、人類の歴史の中で築きあげられた知的集積の

上澄みを効率的に伝えるという役割を持っています。実際の教室でこんなことまで脱線していては、定められた内容を限られた時間で教えることは不可能でしょう。しかし、教育として教えている内容の裏には、具体的な知識までは必要としないまでも、膨大な人類の知的営為があることは、教師が理解しておく必要があると思います。

　教師が、自分が知っていることを教えることに終始しがちな理由として、教師になる人たちの性格の問題もあると考えられます。教育産業を指向して教員になって教育に従事する教員の多くの方は、決められた知識を習得することに価値があると信じ、決められた知識に疑問を持つことは少なく、知識の習得そのものに喜びを感じていた優等生が多いのです。したがって、教員の多くは知識を学び、それを教えることに価値を置くことになります。

　これまでは、大学入試を目的にするにせよ、専門職の試験であるにせよ、知識を与えることが最も重要な教育目的だったので、例外として、はみ出す人間はいたとしても、知識を与えることで収入を得るという形で、教育産業はそれなりに成り立ってきました。しかし、これからはこのような伝統的な教育観は AI シンギュラリティの中で大きく変貌を強いられることになります。

　このことは、社会的にまだ十分理解されていませんし、社会制度の面でもこの問題にうまく対応できていないどころか逆行しているともいえる現状があります。前述したように制度的に考えると、初・中等教育では、知識や技能の取得に重きを置き、社会的同化機能が重視され、大学以降では、それらの知識を踏まえて新しい創造へと向かう、つまり、知的逸脱が期待されてきました。しかし、現在では、大学の本来の在り方が失われてきているように思うのです。

　大学側が文科省に提出する目的で作成される大学のシラバスの設定基準を見ると、大学教育であっても実用的な知識を系統的に与えることが求められ、専門学校と差がなくなっているように見えます。これは"即戦力"を求める産業界の要請でもあります。しかし、大学や大学院とい

う高等教育では、本質的にいえば、自ら問題を発見し、その問題を解く力を身につけることが求められていると思うのです。

　しかしながら、現実はそうではなく、大学院レベルでも専門職大学院は法律でも医学でも教職専門大学院でもまさしく高度な知識を持った専門職をつくることを目的としています。大学も同じで具体的な知識を学ばせることに力点が置かれるようになっています。その結果、建前はともかく、その現実は既存の知識を踏まえたうえで乗り越えていく人材をつくることを目的とした教育になっていないのです。知識がなければ考えることもできないのですが、知識だけに終始すれば、そもそも自分が主体となって考えるうえで重要な自らの疑問や問いはどこかに置き去りにされてしまいます。

　現状の教育の制度化の中で、伝統的な教育システムの中ですら維持されてきた、高等教育である大学（院）教育と普通教育の差がなくなっているのは深刻な課題であるといえます。

　本来、知的逸脱を促すことを使命としている高等教育までが、即戦力育成の名のもとに知識を与えることに力点を置いた教育になってしまえば、日本社会の将来が失われます。最も創造的な知を発揮することが期待される優秀な若者が、大学や大学院でまで詰め込み教育の犠牲になるということは、社会的に見ると、知的創発につながるというよりは、創発を抑制する方向に行きやすくなるということです。この弊害は、十分に意識される必要があります。

　高等教育の理想を考えれば、若者が十分な知識を習得したうえで、それに捉われすぎず、新しい知見を生み出すことが求められています。このような社会の本質的なニーズを考えていくと、近年急速に進んだ高等教育の普通教育化の流れは、変わらなければならないと思います。具体的には、AIの発展でこれまで教育の大部分を占めてきた知識取得の部分が大きく変貌しなければならなくなるでしょう。特に、明治期以降、輸入学問を自分なりに利用して国を維持してきた日本では、その変化は大きなものとならざるを得ないでしょう。逆にいえば、その変化に対応

できなければ、国力の衰退にもつながりかねないのです。

　繰り返しになりますが、これまで成功してきた、先進的な知識の輸入とそのキャッチアップで効率よく成果を上げていくという成功経験は使えません。当然、この変化に伴って、教育や教室マネジメントを行う“目的”も急速に変わらざるを得なくなります。当然のことながら、この問題を明確に意識し、必要な対応を行わなければ、その組織はその存在理由を失うことになるのです。

第4節　マネジメントは何のために必要か

楠本　修

1　顧客を創造するとは

　このことを教育の実際の現場からみたらどうなるでしょうか。いわゆる教育は、学校や塾などの教室で行われることがほとんどでしょう。単に雇われて教えているだけの教師であればあまり問題にならないかもしれませんが、管理職になって組織としての教室を維持する立場になると、教室をいかに運営するかということが最大の関心事となってきます。

　実務の中の教室経営において、単なる経営ノウハウは知ることができたとしても、経営の前提となる視点が問われることはあまりありません。しかし、教室運営を長期的視点から継続的に行おうとするならば、“この教室が何のために必要か”という視点を確認する必要があるのです。

　前述したドラッカーは、マネジメントについて「組織の中での人々の働き方を計画し、組織の目的を達成するために、人々を指導し、組織の活動をコントロールすること」と定義しました。そして、その主体である組織（企業）の目的について「企業の目的の定義は一つしかない。それは、顧客を創造することである」と述べています。

　これを教育に当てはめたら、どのような意味になるでしょうか。つまり、社会から必要とされる組織でない限り、組織もマネジメントも存在

しないということになるのです。

　この具体的な事例は、学習塾にみることができます。学習塾でも、補習塾的な役割の塾の経営が厳しいのに対し、いわゆる受験塾は、経営的に成り立っている場合が多いのはよく知られています。その理由は、成果の見える受験に対しては親が塾の費用を出すのに対し、本質的には受験よりも重要性が高いかもしれない学校の授業についていくための費用はその成果が見えにくいこともあり、費用を出さないという現実を反映しているのです。

　もちろん、子どもに受験をさせようと思う親の社会階層が、比較的所得も社会的地位もある社会階層であり、補習塾に通いたいと思う子どもの親の階層がおそらく所得の面で低いことも原因の一つとして挙げられます。しかし、端的にいえば、補習塾には顧客がいないのに対し、進学塾には顧客がいるということです。逆に成り立っていない補習塾が成り立っていこうとすれば、何らかの形で新しく「顧客」をつくり出す必要があるということになります。つまり、明らかなのは社会的なニーズをアピールできなければ経営には至らないということなのです。そして、経営が成り立つ、つまり"顧客の創造"ができなければ、マネジメントも存在しないということになります。

第5節　教育組織の目的の変化と今後

楠本　修

1　学び方の学び直し

　このような点から考えた時に、教室運営の本質がAIシンギュラリティによって大きく変わってくることがわかります。

　世界的な大企業であるIBMの社是が、THINK（考えろ）であることは、よく知られています。しかし「考えろ」といわれても、考える「材料」や「方法」を知らなければ考えることはできないでしょう。恐らく

AIシンギュラリティがどんなに進んでも、この世の中で見出されていないこと、解消されていない問題をAIが考えることはできないと思われます。知識に関してはAIに置き換わっても、その妥当性を検証し、正しく使うのは人間の仕事であることに変わりはないのです。

それでは、教室運営という点から考えた時、このような状況にどのように対応していけば良いのでしょうか。

実は、このような状態にどう対応すれば良いかについて、私たちはすでに経験を持っています。研究という分野では、これまでの知識を踏まえたうえで、新しい発見をすることが求められてきました。同じことをいくら繰り返しても研究者としては無意味です。研究が成り立つためには、これまでの知識を踏まえ、その知識の妥当性を検証するために必要となる論理的な思考方法や、その知識がどのよう生み出されてきたのかを徹底して学んでいかなければなりません。そのうえで、新しい発見に繋げていくことが求められるのです。

これからの教育では、これまで大学以上の高等教育に求められてきた、創造的機能を小学生、中学生、高校生の時期から提供する必要が出てくるということになります。

AIシンギュラリティは、産業としての教育で圧倒的な部分を占めてきた知識の集積の部分を大きく代替していきます。言葉を換えれば、AIによって既存の情報が活用できるようになることで、人間は人間しかできない知的創発にその優位性を見出していくしかない、ということです。その意味では、社会的同化に優れた特性を発揮するいわゆる"良い子"を育てるこれまでの教育観は、早晩行き詰まることになると考えられるのです。

「どう対応したら良いのか」、教師の側から悲鳴のようなものが聞こえてきそうですが、心配はいりません。これからの社会で求められるのは、新しい知識をキャッチアップし、教えるというよりは、古典のような英知の詰まった書籍をきちんと読解し、人類の英知を追体験すること、子どもたちの目線や観察を大切にし、疑問を持ち、それを解決すること促

すこと、わからないことをわからない、と素直に表現すること、そして、子どもたちに問いかけていくこと、ということなのです。これはまさしく、ソクラテスのいう"産婆術"であり、最も基本的な教育法ということになります。

　学問の分野で一般的になりつつある見解ですが、研究者を育成しようと思えば、わかっていることを教えるのではなく、わからないことを示すべきである、といわれます。多くの二流の教授は、わかっていることを示し、学生の不勉強を指摘し、勉強を強います。しかし、そうなると、若い研究者や学生は、超えるべき壁の高さに絶望し、自らそれを乗り越えようとは思わなくなり、その教授と同じようにこれまでの知識を教える教師をめざし、二流から三流の再生産に励むことになります。

　これでは決して、新しい発見を見出す研究者は育ちません。教えるべきは、まだ解けていない問題なのです。このまだ解けていない問題があることを理解し、それを解こうとするところにしか創造は生まれません。そして、その発見を人類共通の財産とできるように基礎的な科学方法論を学ぶことが必要になるのです。

　ここでは、科学的発見を例としましたが、実は、実学の分野も同じです。企業経営を例にすれば、会計処理は AI が担ったとしても、その処理結果を踏まえた経営判断は人間の責任です。数字を追いかけることに終始するのではなく、客観的な数字に基づいて組織目標を達成する経営は、責任を持って人間が果たさなければならないのです。

　これからの教育の主眼は、自分で責任を持って考え、判断できる、主体的で創造的な取り組みができる人材の育成に向けられると考えられます。このような人材育成の理念は、決して目新しいものではありません。そして、小・中学校で科学方法論の詳細を教えることが必要なわけでもありません。

　むしろ、これまでも優れた先生方がされてきたように、学生を見て、学生に向きあい、その関心を引き出すような教育と同じものだ、と考えます。つまり、AI シンギュラリティの時代には、新しい知識を追いか

けることはそれほど重要ではなくなり、これまで優れた先生方が実践してきた姿勢や教育方法、いわゆる真の意味での教育力、が改めて重要になってくるといえるのです。当然、そこには大きな変化が生じます。教師の側も、知っていることを教えればいいということではなく、知らないことをしっかりと意識することが必要になるのです。

その意味では、"学び直し"、正確にいえば"学び方の学び直し"も必要になってくるでしょう。そして、その目的は"問う力"をいかに構築するということになるのではないでしょうか。

適切に問うためには、きちんとした知識が必要です。しかし、知識の習得が教育の目的となるということではない、ということなのです。知識のための知識を与えることが目的となるのではなく、考えるために必要な知識や方法を与えることが目的となるように変化せざるを得ないと思います。

教育の現状がすぐに変わるかどうかはわからないし、"いつ"ということを予言することもできません。けれども、AIシンギュラリティの不可逆的な進展の中で、これまで人類が培ってきた知識の創造を追体験できるように、教育は変わり、それをもって創造的人材を育成するように変わっていくと考えるのは論理的な帰結だと思います。

本稿のテーマである「教育・教室運営・マネジメント」もまた、その目的のために存在することを改めて確認することが必要なのです。

第10章

企業経営と
学級・学校経営

第1節　企業経営者との対談

代表取締役社長・石澤嘉郎／鈴木亮太

1　株式会社スズキアムテックとは

（鈴木）社長の会社はどのような会社で、創業は何年になりますか。

（石澤）農業機械の販売、修理を主にやっており、創業は1913年です。

（鈴木）現在、本社や営業所等々は、どこにあるか教えていただいてよろしいですか。

（石澤）本社は、茨城県久慈郡大子町、営業所とサービス工場も大子町にあり、営業所が福島県矢祭町と茨城県那珂市にあります。

（鈴木）石澤社長は、なぜ社長になられたのですか。

（石澤）祖父も父も、この会社で社長をやっていましたので、小さい頃から自分も継ぐのかなと何となく思っていて、父親の背中をずっと見て育ってきたので、それでなったのかなと思います。

（鈴木）子どもの頃って、どんな子どもだったんですか。例えば、結構、親分肌で周りを仕切っていたとか。

（石澤）全然、親分肌ではないですね。小学生の頃、思春期に入る前は落ち着きががなくて、学校の先生によく怒られていました。

（鈴木）私の記憶だと、小学校の頃レスリングをやっていて、全国大会で入賞していましたよね。

左が石澤嘉郎氏

（石澤）レスリングは、幼稚園から小学6年卒業までやっていました。

（鈴木）レスリングをやっていたことで、いまのご自分に活かされているところはありますか。どちらかというと個人競技ですよね。

（石澤）そうですね、練習がかなり

ハードだったので、小学生がやるような量じゃなかったんですよ。なので、そういった面では忍耐強さというか、根性もついたのかもしれないです。

（鈴木）中学校は陸上部でしたか。

（石澤）部活としてはサッカー部だったんですけど、陸上部が無かったので、学校代表で陸上100メートルの短距離に選ばれていました。

（鈴木）聞いたことがあります。スポーツマンだったということですね。

2　理想の社長像とは

（鈴木）現在、社長になられて、自分自身の社長像、または心がけていることはどんなことですか。

（石澤）大雑把にいうと、心が大きい社長、ちょっとしたことでは動じない、心が広い人間になりたいなと思います。

（鈴木）ちょっとしたことでは動じないというか、大きく構えているというか。

（石澤）そうですね。ちょっとしたことでも、動揺してしまうことは、いまもあるので。

（鈴木）やはり理想とする社長像は、父親（明徳さん）が頭にあったりもしますか。

（石澤）いや、無いです。やり方が全然違うと思いましたので、真似しようも思っていません。尊敬はしていますが、自分のやり方でやろうと。理想の社長像はというと、利益だけを求めるのではなく、社会貢献だったり、社員の幸せだったり、そうしたことを優先的に考えられる社長にはなりたいと本気で思っています。

（鈴木）社長のやりがい、面白さは何ですか。

（石澤）まだ3年、4年目ですが、業績が良いと嬉しいです。売り上げが伸びて利益が出た時は、自分のやり方は間違っていなかったのかなとか、そういうふうに思って。あとは、社員のみんなが生き生きと仕

事をしているのを見ると、自己肯定感ではないですけれど、働きやすい職場づくりができているのかなと思います。また、地域密着型の農機具屋なので、地域の農業に貢献していると実感できる時があります。お客さんに感謝された時は、やっぱり嬉しいです。うちの会社の存在が社会に役立っているのだなと。感謝された時は、本当に心から嬉しいですね。

（鈴木）一方で、苦労とか、難しいとかもあったと思いますが、どういうことがありましたか。

（石澤）自分がまだ若いこともありますが、なかなか社員の人が思ったように動いてくれない。自分がこうしてほしいと思っても、理想のようにはなかなか動いてくれないこともあります。経営方針（方向性）が、自分と社員で違ったりしますね。

（鈴木）学級担任でもそういうことがありますが、その時には社長として、「すぐにこうしてほしいんだけど」「何でそれできないの」みたいな関わり方をするのか、または、直接的ではなく、提案するようにして「こんなふうにしてくれると良いんだけどね」といった助言・指導をするのか、そのあたりはどうですか。

（石澤）時と場合にもよりますが、とりあえずは口頭で一度はいいます。「まだやってないんだけどどうなの」みたいな感じで。怒ったりはせず、あくまでも優しくというか。あとは、社員が働くうえで、自分が自主的に動かないといけないと思っています。命令されたからやっているとか、そういうのはあまり好きではありません。あまり能率も上がらないのかなと。自主性を求めているので、一度はいいますが、あとは様子を見るみたいにします。

（鈴木）社長として、現時点でめざしていることは何ですか。

（石澤）いまはどうしても社内のことばかり見てしまっているのですけれど、社員の幸せというのをいちばんに考えています。幸せというのは人それぞれ違いますが、結婚して子どもができて、一戸建ての家を建てる、子どもを大学まで行かせられる経済力を持てるくらいの給料

は出したいと思っています。

（鈴木）頑張った分、給料で返してあげるというのは、社長として、す
　ごく大事にしていくということですね。

（石澤）うちの会社に入社したからには、経済的な理由で子どもが大学
　進学を諦めるとか、そういうのは絶対させたくないと思っています。

3　社員の存在とその関わり方

（鈴木）社員の方々は、どんな存在ですか。

（石澤）仕事の面では、私一人では何もできないので、うちの仕事を私
　の代わりに、私の理想としているような形で再現してくれる、そう
　いった存在ですね。

（鈴木）仕事から離れると、どういった存在ですか。親戚でもないけれ
　ど、親戚以上というか。学級担任は、子どもとの信頼関係が構築され
　ると、場合によっては、親戚以上の関係になることがありますが。

（石澤）仕事からは離れますが、社員のお母さんがうつ病と診断され、
　まったく食事も摂らずに無気力な生活状況になってしまい、人格も
　すっかり変わったという話がありました。自分の母親と年齢が同じく
　らいだったので、自分と重ね合わせ、ものすごい感情的に「あ、これ
　はかわいそうだ」「もし自分だったらこんなの耐えられないな」と思
　い、社員のお母さんが食べられそうな大きなブドウを個人的に持って
　いったこともありました。あと、うちの子どもと同年代の子どもを持
　つ社員もいるので、進学などの話しをすることもあります。年が近い
　社員だと、社長という立場より友だちみたいな感覚で話しますね。

（鈴木）社長として、社員をマネジメントする、より良い方向にまとめ
　ていくうえで心がけていることはありますか。そのうえで難しいなと
　感じたことや、熟慮して関わったら上手くいったとか。逆に関係性が
　悪くなってしまったみたいなことは、これまでにありましたか。

（石澤）先ほどいった自主的に仕事に取り組んでほしいとか、経営方針

とかを示すにあたって、本当にシンプルに伝えるようにしています。営業所が３ヵ所あって、すべてには目が行き届きません。なので、最近、DX（デジタルトランスフォーメーション）を導入して、社員の行動というよりは、納品といった業務管理などの様々な情報共有をしたいと思いました。それで、離れていても、前より会社全体が見えるようになりました。失敗例としては、高校を卒業したばかりの社員から70代の社員までいるので、年齢が上の人ほど指導・助言することが難しく、ちょっとイライラすることはあります。「３年も経つのに使えないのかな」といってしまったこともありました。そういう面で、感情的になって失敗したなとは思ったことがありました。

（鈴木）定期的に、会社の経営方針を伝達することはしますか。

（石澤）定例会議のように、社員も含めて全員で集まることが年に３回あります。その都度、話すようにしていますが、経営方針は年始に、それもシンプルに話します。。

（鈴木）今後もより良い会社にするために、会社をどう経営していくか、また現時点で、こういうふうにしたらもっと会社が伸びるのでないかといった、課題みたいなことはありますか。

（石澤）社員の手当てを厚くすること、福利厚生の面ではある保険に入ろうと思っています。例えば、業務以外でも、怪我で入院した時、会社ではなく、社員に保険料が入るという保険に入ろうかと。あくまでも社員ファーストで、社員が働きやすく、生き生きと働けるような社内環境づくり、この会社に入って良かったな、と思ってもらえるような会社づくりをめざしてます。

（鈴木）会社の利益よりも、社員の日々の幸せを願っているということのほうが重要なんですね。

（石澤）もちろん、利益を出して会社の規模を大きくすることも重要ですが、その前にまず、いまいる社員の幸せを優先していますね。

（鈴木）そういう社長なのですが、いままでに、社員に反抗されたことはないですか。

第10章

（石澤）些細な反抗はありましたね。見た目のことです。ピアスをしたりとか、髪の毛にパーマかけたり染めたり、そういうことで少し注意したことはあります。実は社内には、個別ではなく、全員が見られるようなメッセージがあります。見た目のことを全員に気をつけてほしいと思い、「ダメだよ」という感じのメッセージで送りました、そうすると、若い子はオシャレがしたいので認めてくれ、というような直談判の電話が若い社員からあったんです。ただ、その社員のことは否定せず、「自分も若い頃はやっぱり髪を染めたりとか、オシャレしたりしたかったから、若いうちしかできないから良いと思うよ。良いとは思うけれど、ただお客さんがある。第一印象は見た目から入るので、お客さんがビックリするような髪型とかはどうなんだろう。入社したばかりでお客さんから信頼を得ていない時は、まったくするなとはいわないが大人しめな格好をしておいて、お客さんからの信頼を得てから自分の好きな格好をすれば良いよ」と伝えました。それで納得してくれたと自分では思いましたが…。頭からは否定しないようにしています。

（鈴木）その若者は、いま一生懸命働いていますか。

（石澤）働いてますよ。髪の毛を染めてパーマもかけていますが……。

（鈴木）ピアスとかはちょっと抑えて……。

（石澤）機械の修理をする際に、ピアスは怪我のもとになるから「ダメだよ」といういい方をしました。その子を心配するような形で。

4 経営者からみた学校とは

（鈴木）最後になりますが、会社の経営者として、学校のことをどういうふうに見ているのか聞かせてもらえますか。学校全体を経営していくのは、ご存じの通りに校長先生。ただ、担任の先生は、それぞれの学級を経営していくんですね。学級もご存知の通り、30数人の教室もあれば、10人ぐらいの教室もあって、その人数に応じて、きちんと子

どもたちが生き生きと毎日生活できるように経営していかなくてはならない。企業の経営者から見て、学校の経営、校長でも担任の先生でも良いので、ここなんか少し甘いよね、ここをもう少しこうしたら、子どもたちがもっと生き生きとするのではないのかなとか、でも、こういうところは、学校経営にしても学級経営にしても難しいよね、と考えたことはありますか。

（石澤）自分には子どもが3人います。いちばん上が大学生、真ん中が高校2年生、いちばん下が小学6年生です。常に見ていたわけではないですが、特に、真ん中の女の子のことについてお話します。中学校1年生の時がすごく楽しかったようで、担任の先生やその時のクラスメイトの写真のほかに、メッセージも飾っているんですよ。その時の担任の先生は、生徒と喜怒哀楽を共にしていた、本当に若い先生でした。生徒よりも、見ているこっちの方が笑ってしまうぐらいに……。例えば、文化祭の合唱コンクールで優勝した時とかは、生徒よりも先に泣いていました。喜ぶ時も、やはりいちばん喜んでいましたし、すごく感情的な先生だなと思って見ていました。生徒とのつき合い方も、友だち同士とはちょっと違うのでしょうが、それでも、すごく仲が良さそうだったんですよね。生徒から決して舐められているような態度をとられていたということではなく、名前で呼ばれたり、N先生だったので親しみを持って「ねもてぃー」とか呼ばれたりしていました。その中学1年生の思い出が濃いのか、いまでも娘の部屋にその写真が飾ってあります。なので、その先生は良い先生だったのかなと、親としては思っています。逆に、長女が中学校3年の時の担任の先生は、あっさりしているというか、距離感のある、あまり生徒と話さないような先生でしたね。子どもからしてもあまり印象に残っていないのか、卒業してからも全然話に出てきませんし、親として見ていても、その時の先生は何か少し足りなかったのかな、もう少し娘のことを気にかけてほしかったかな、と感じていました。今日の対談から、会社組織と学校の組織って似ているなと思いました。校長先生が社長で、その

下に各担任の先生がいて、学校の方向性とかも校長先生がお話しされる。時には、担任の先生方と意見が合わずに対立する場合があるのかもしれませんが。あらためて会社経営と学級経営・学校経営の違いを考えてみると、会社経営においてはどの会社も明確な経営目標である「利潤の追求」があります。利潤を生み出さなければ会社は存続できず、会社が存続できなければ社員は職を失います。会社経営者の最終目標の中心にあるのは、常に「利潤の追求」です。なので、会社経営においては「利潤の追求」のための経営方針を、経営者が社員すべてに共通認識させるということは、学校に比べると容易だと思います。なぜなら、学級経営・学校経営では、校長、担任、そして子どもたちがいます。学校や学級という組織が、現在の形で存続するならば、校長や担任教師が経営目標を設定して子どもたちや保護者に伝えても、なかなか共通認識を共有することが難しいのではないでしょうか。

（鈴木）確かにそうですね。いままで学校経営と企業経営とを比較して考えたことって意外とありません。私は、大学卒業後、民間企業に就職し、その後に公立学校の教員になったので、いま話ししていただいたことを実感しています。まさに、企業論理と学校論理（公立）の大きな違いが、「利潤の追求」の有無かもしれませんね。あらためて、再認識しました。実際、学校経営や学級経営は、企業の経営とは全然違う、という考えを持つ学生や学校関係者教員は実に多くいます。ただ私は、７割ぐらいは重なり合うところがあるのではと思っています。今日の石澤社長のお話しからもいえることですが、会社経営が上手な人は、多分、学級経営をしてもうまく経営できるのではないでしょうか。つまり、人間性の問題だと思います。結局はそうだと思うんですよね。だから大学生の時に、この学生は人柄がとても良いな、と感じた学生は、教員になっても学級経営をうまくしていますね。それって、学級だけではなく、部活動の経営も上手なんですよね。やはりいちばん重要なのは、「人間性」なんですよね。そこは、「学校経営、学級経営そして企業経営も同じだな」と、社長の話を聞いていて思いました。

　勉強になりました。

（石澤）いままで、学校経営・学級経営、そして企業経営との共通点や相違点について考えたことはなかったですね。完全に父親の目としてしか学校を見ていなかったし、考えてもいませんでした。こちらこそ、とても勉強になりました。余談になりますが、勉強を教えるのが上手な先生より、いろいろと生徒の親身になってくれる先生に担任になってほしいと思います。

（鈴木）それってたぶん、社員のみなさんも、社長にそうなってほしいと思っているのではないですか。社員のみなさんは、自分について、仕事だけではなくて、一人の大切な人として接してもらいたい。そして、良い会社、良い人生を一緒に過ごしていきたいと思っているんですよね。私は、大学の授業（経営者論）で松下幸之助さん（パナソニック・旧松下電気産業創業者）について学びました。まさに、松下幸之助さんは、社員一人ひとりを家族・仲間のように思っていて、私事で恐縮ですが、大学時代の同級生がパナソニックに就職が内定したその時から、月刊誌『PHP』を活用した研修があり、「生きていく上ではこんなことが大切だよ」「会社はこういうことが大切だよ」などを学んでいました。そして、パナソニックの仲間として、みんなでこれからの人生を同じベクトル（目標・方向性）で歩んでいこうとしていたのではないか、当時のことを思い出しました。

　最後になりますが、貴社の益々のご発展をお祈りしております。石澤社長、松下幸之助さんのような立派な経営者になってください。本日は、お忙しいところ、誠にありがとうございました。

第2節　セルフマネジメントの重要性

有馬圭哉

1　「ありのままを受け入れる」というマインド

　筆者は、幼少期から文武両道の日々を過ごしてきました。現在も、実業団選手として陸上競技を続ける傍ら、会社員としても働いています。

　中央学院大学に在学中には、教職課程を履修し、教員免許状を取得する傍ら、箱根駅伝常連校である同校の陸上競技部に所属し、4年生の時には主将を務めました。60名以上の選手をまとめる役割を果たし、ストレスに打ち勝つマインドセットを養い、経営力も身につけました。この経験が、筆者の人生において重要な基盤となっています。まだ26歳ですが、主に大学時代の経験を振り返りながら、セルフマネジメント、学級経営、企業経営の心得についてお伝えしていきます。

　最初に、セルフマネジメントに焦点を当て、特にマインド面について詳しく掘り下げます。最も重要視しているのは「ありのままを受け入れる」というマインドです。簡潔にいえば、自分の感情が低い状態にある場合、それを否定せず、それが正常な心の反応であると受け入れるものです。一般的に「ポジティブ思考を目指そう」などといったアドバイスを耳にしますが、ネガティブ思考からポジティブ思考への変換は容易ではないと考えています。ネガティブ思考が非難される理由は、そもそも社会的には好意的に受け入れられておらず、また、ネガティブ思考に陥ること自体を責めてしまうために、負の思考サイクルを引き起こすことがあるからです。

　しかし、筆者は、ネガティブ思考そのものが悪いものではなく、あらゆる状況に対処するための準備やリスク管理の一環と捉えているため、ネガティブな思考・感情も、受け入れるべきであると信じています。ありのままを受け入れることで、負のサイクルに陥る前に立ち止まること

が可能です。要するに、感情を抑え込むのではなく、それを認め、受け入れ、適切に向き合うことがセルフマネジメントの一環として重要です。結果として、より健康的な心の状態を維持し、ネガティブ思考もプラスのエネルギーへ変換することが可能になります。そして、自己成長や成功への道を切り拓く手助けとなるのです。

2　学級経営に重要な最適なアプローチを見極める能力

　次に、学級経営について述べていきます。筆者は、大学の陸上部の主将を務める中で、「組織風土に合ったチームづくり」に力を注ぎました。以前から、良い議論が行われているものの実際の行動にはつながらず、建設的なミーティングが不足していることに悩んでいました。この課題に対処するため、ビジネス的なアプローチを導入しましたが、チームの反応は思ったほど芳しくありませんでした。体育会系精神が根ざすチームにとって、筆者の方法は自己満足であったと痛感しました。

　そこから、体育会系の良さを生かし、価値観を尊重しながら、チームを向上させる方針に転換しました。これらの経験は、学級経営にも通じるものがあります。当然、学級経営において、子どもたちに対して頭ごなしに指示を与えるだけの管理は行き過ぎです。善意で行動しているつもりでも、それが子どもたちにとって好ましくない影響を持つ可能性があることを理解しなければなりません。

　しかしながら、子ども一人ひとりの思考を完全に理解することは難しく、寄り添っているつもりが、実際には子どもたちにとって適切でない場合もあります。このため、教員としての資質は、子どもたちのニーズを正確に判断し、最適なアプローチを見極める能力を含んでいると考えます。子どもたちとの信頼関係を築き、最大限に成長できるようにサポートすることが、教育者の重要な役割であると考えます。

　さらに、「自分ができることだけで良い」というポイントについて詳しく述べていきます。可能であれば、できないことは他の人に任せるこ

とも重要です。筆者は、どちらかというと穏やかな性格で、ムードメーカー的な役割を果たすことは得意ではありませんでした。同様に、競技の面でも、調子が悪い時に練習を盛り上げるのは難しい瞬間がありました。当初は、すべてを一人でこなそうとし、それが自己を壊しかける結果となりました。

　そこから学んだ教訓は、できることから始めることの重要性です。できることを一つひとつ着実に進めることだけでも、組織全体が活性化することを実感しました。学校現場においても、教師一人ひとりが得意なことや長所を生かして、学級づくりを考えるべきです。また、自分ではできないことを他の人に任せることを素直に認めることが大切だと思います。自分が物静かな性格であっても、教室の雰囲気を明るくしたいと思うことがあるでしょう。この場合、クラス内にはムードメーカー的な存在がいるかもしれません。そのような子どもを巧みに活用し、雰囲気づくりに協力させることも一つの手段です。ただし、他人に役割を委ねることは、センシティブな問題であり、当事者との信頼関係や周囲の状況を検討する必要があります。難しく思えるかもしれませんが、実は簡単に実践できるものだと考えています。この課題に取り組む際に大切なのは、「人の自尊心を尊重すること」と「素直さ」です。これらは当たり前のことかもしれませんが、意外に意識が向かないもので、意識的に実践することが大切です。自己肯定感を高め、協力し合い、組織全体がより良い方向に向かう手助けにつながります。

3　「モチベーター」としての役割

　最後に、企業経営について述べます。教育者やリーダーとしての肝要な役割の一つ、「モチベーター」に焦点を当てていきます。

　この役割は、教師や親、企業の管理職にとどまらず、様々な立場で求められます。筆者は、現在、一般企業で一社員として働いており、部下を指導する立場ではありませんが、モチベーションの維持と向上が重要

だと、日々実感しています。企業環境では、成果を求められることが多いため、個人のモチベーションは、時に二の次にされがちです。しかし、社員のモチベーションが、生産性に与える影響は計り知れません。社会人としての経験からいえるのは、自分の周囲におけるモチベーションを引き出す人が減少しているように感じることです。

　一方、教育現場では、主体性の向上に注力されており、意識しやすい環境だと思います。大学の陸上部の主将を務めた際も、チーム全体のモチベーションが結果に大いに影響しました。モチベーションの向上を図る方法は、多岐にわたります。明るく振る舞って鼓舞すること、話術で説得することなど、様々なアプローチがあります。モチベーターとしての存在は、個人に合わせた方法で展開されるべきです。

　ただし、モチベーションの向上に過度に焦点を当てすぎて、叱ることを躊躇することには、注意が必要です。時には、叱ることが必要な場面もあるでしょう。しかしながら、叱る方法には慎重さが求められます。特に避けるべきなのは、理不尽な叱責です。受け手が理解できないと、叱ることは効果がありません。叱る際には、なぜ叱っているのかを説明し、理解させることが最も大切です。このバランスを保つことが、教育者やリーダーとしての重要な役割です。

　これまで、セルフマネジメントや学級経営、企業経営における重要な要素を紹介してきましたが、これらはあくまで一部であり、基本的な原則に過ぎません。

　ただ教員は、仕事量の多さなどでストレスを感じ、基本的なことも見逃しがちです。教師としての方向性を持ち、心身ともに健康な教育者としての生活を送るために、今回の内容がお役に立てれば幸いです。

〔有馬圭哉さんとの出会いとその人間性／鈴木亮太〕

　彼と出会ったのは、いまから5年前、彼が中央学院大学3年生の春学期（4〜7月）の授業でした。キャンパスで会うと、いつも穏やかな表情だけでなく、礼儀正しい言動で、私はそのたびに心地よい気持ちに

なっていました。まさに、彼のセルフマネジメント（自己管理）力の高さに敬服していました。

　彼は、1回目の授業から私の目に留まりました。まず驚いたのは、90分の授業中、終始背筋がピンと伸びて集中し、私の話をしっかり正対しながら話を聴き、ノートを取っていました。教室の出入りの際には、一瞬立ち止まって会釈し、グループでの話し合いでは、頷きながら話し手の目をやさしい眼差しで見ながら聴き、話す時は聞き手全員に目を配りながら一言一言心を込めて丁寧に話しかけていました。また、毎時間提出するレビューシート（振り返りカード）には、いつも丁寧に正確な文字で論理的な文章を書き、課題を発表する際には、リラックスした楽しげな表情でみんなに理解してもらえるようにわかりやすい表現を心がけていました。

　そんな彼に興味を抱き、5回目の授業後に、プロフィールを尋ねてみました。兵庫県出身で、2年生の時に初めて箱根駅伝に出場したとのことでした。また、小学校の頃のことやご両親のことも尋ねてみると、「小学生の時にはダンスなど、いろいろな習いごとをしていて、陸上ではなく野球をやっていましたが、両親は主体性を大切にしてくれてやりたいことはやらせてくれました。そして、箱根駅伝に出たいので関東の大学に行くことも許してくれました」と話してくれました。

　私は、春学期の授業の最終日に、「きみは来年度、駅伝部の主将になると思うよ」と声を掛けました。すると、彼は、「先生はなぜそう思っていただけたんですか」と問うてきたので、「学生で、きみのような言動を執れる人を見たことがなく、他の学生のモデルとなる存在ですよ」と答えたら、頭を下げて笑顔で「ありがとうございます」といっていました。そして、3年生でも箱根駅伝に出場し、4年生になると主将として三度目の出場、この時に9区2位の記録を残しました。

　現在は、マツダ株式会社陸上競技部に所属し、ニューイヤー駅伝に出場するなどして活躍、この先は、フルマラソンで2028年・ロサンゼルスオリンピックをめざしています。

おわりに　▽▽▽

　教師は、学習指導と同時に、学級経営力（学級を経営する能力）が不可欠です。たとえ高学歴で知的スキルが高くても、学級を経営する能力が欠けていると、子どもたちとの信頼関係を築くことはできず、子どもたちに「生きる力」を身につけさせることもできません。

　子どもたちは、学級という集団の中で、協働的に学んでいきます。このため、学級経営がじょうずにできない教師は、子どもとの信頼関係を築くことはできず、このことは、子どもたちにとっても、また、教師にとっても、学校生活が教育的な意義のある、より良いものにはなっていきません。

　子どもたちは、学級における人間関係や、学級での諸課題を解決する過程において自己研磨しつつ、学級の中での責任を果たし、自己意識や習慣、行動をより良いものにしていきます。

　そう考えると教師は、常に学級一人ひとりの子どもたちに寄り添い、丁寧に見取り、ちょっとした変化も見逃すことなく、理解する心構えが不可欠です。

　教師は、学級をより良い学級となるよう支援・指導し、子ども一人ひとりの人格形成がなされるよう、学級のリーダーとしての役割を担っているのです。

　学級経営は、その先生の個性（人間性）を発揮することができる営みであり、まさに、学級経営こそ「教師のやりがい」です。

　それぞれの教師が創意工夫をしながら学級を運営しつつ、「支持的な学級文化が育ってきているな」と実感できた時に教師は、このうえない喜びを感じます。

　本書を手にしたみなさんが、学級の良きリーダーとなれるよう、日々、問題解決的に生きてほしいと考えます。子どもたちに向き合う教師自身が、「より良い自分」を求めて生きているさまは、子どもたちにとってあこがれの存在となり、良きリーダーとなれるのでないでしょうか。

　最後になりますが、このような機会をいただいた日本文教出版株式会社の佐々木秀樹代表取締役社長、日野求取締役東京統括部長及び営業部菱沼友和さま、編集を担当された柳原和弘さま（元日本文教出版在籍）に、この場を借りてお礼を申し上げます。ありがとうございました。

2024年3月　鈴木亮太

学級経営こそ、教師のやりがい
〜教師力は学級経営力〜

2024年（令和6年）3月10日　初版第1刷発行

編　著　者　　鈴木　亮太
発　行　者　　佐々木　秀樹
発　行　所　　日本文教出版株式会社
　　　　　　　https://www.nichibun-g.co.jp/
　　　　　　　〒558-0041 大阪市住吉区南住吉4-7-5 TEL:06-6692-1261

デザイン　　　日本ハイコム株式会社
印刷・製本　　日本ハイコム株式会社

©2024 Suzuki Ryouta.　　Printed in Japan
ISBN978-4-536-60141-2